潮流 收藏 就看这一本

先看本书再出手

茶具

鉴赏购买指南

潮流收藏编辑部　著

北京联合出版公司

Beijing United Publishing Co.,Ltd.

动静相生皆成趣 何求茶外再说禅

"茶宜精舍，云林，竹炉，幽人雅士，寒宵兀坐，松月下，花鸟间，清泉白石，绿鲜苍苔，素手汲泉，红妆扫雪，船头吹火，竹里飘烟。"

——明 徐渭《徐文长秘集》饮茶十三宜

夏日伏中，应邀写此篇序言，脑中忽而不自觉浮现出徐文长此段诗句，通过饮茶，青藤老人说的是一种文人的心境与处物的态度。不想几百年后，茶道因为新时代文人精神的复兴，构建得越来越深入细致。茶具这一茶道中最具表现力的载体，也得以由物下转为物上，开启了对中国源远流长的茶文化的理解与融汇。

其实文人对茶的追求，不单单在于茶的本身，而是追求一种纯净深远，空灵澄湛的意境，古今皆如此。置身世俗的我们，也时常希冀归于自然山水之中，品茗行诗，尽享悠闲安逸，直溯陶潜式的"悠然见南山"之佳境。与茶之缘分似情，既起，便一往而深。与茶交心，体探不同性情在茶里的结果，好似经历不同的生命循环，其细致温润足以震彻人心。茶，可以让我们知晓"当下感"。与其说品的是茶，莫如说品读的是人生，是生活。通过执杯、观色、闻香、尝味，来感受文化的内涵，从身心舒畅中获得美感，达到精神的升华。

　　本书依旧基本按照首刊中的分类方式，涵盖茶具种类繁多，主要择取陶瓷器、漆器、铁器、铜器、木器、竹器等等，大至用具陈设架、茶炉，小到茶勺、茶杯。丁曦元先生在《艺术风水》中曾经对艺术作品作了这样的评述："静穆者伟大，而动势风水亦更有魅力，流动之空间更美。难于静中生动；而动中恒静更难。"茶具设计与制作，需要对造型、空间、审美、材质等有非同一般的理解与掌握，非功力深厚者不可为。今日国内外茶具名家高手层出不穷，佼佼者众，对艺术造型的传承与渗悟，更是令茶具这一项千百年来延绵不断的艺术创造展现出了更蓬勃的生命力。本书对此将尽心归纳、并叙。

　　非常高兴第二辑《茶具鉴赏购买指南》接近筹备的尾声，即将付梓。希望这一本颇费心血的鉴赏图册，能够为喜爱茶具的观者们打开一扇时空流转之门。染手茶事，茗具沁心，汉唐风骚，明清雅重，古代文人追求中澹间洁、韵高致静的心灵寄托；在现代，就让我们通过手中一捧良器，求遗世独立，让生命向自然的真我回归。

杨珺

中国新锐艺术品经纪人

茶具选购贴心指南

水为茶之母，器为茶之父。作为孕育、承载茶的器具，茶具是我们品饮茶汤的媒介，"器具精洁，茶愈为之生色"，因此，茶器具的选择与安置对饮茶起着不可忽视的作用。随着饮茶习俗的发展变化，时至今日，已形成包括煮水、品饮、摆置及辅助等功能齐备的茶道具，且材质多样，造型釉色极富艺术性，兼具实用与收藏价值。然而近年来，茶具市场虽然增长迅速，但产品质量尚处于龙蛇混杂的状态，令消费者无从选择，阅读本书，一定令你收获颇丰。

《茶具投资购买指南》一书旨在为读者提供真正实用的茶具购买指南。它带你初步了解茶道具，细讲了茶席的元素，从茶壶、壶承、茶杯、杯托、茶盅、盖杯，到茶仓、茶则、茶匙，以及现代茶具的分类等；收录了在茶具的历史发展进程中发展态势比较良好的中日两国，54 个经典茶具品牌和名家之作；展示了 1000 余款经典茶道具的精美图片，并对每款茶具的规格、材质、特色，以及可供鉴别的底款、身款予以详细介绍，具有很高的实用及欣赏价值。本书所收录的茶具均由潮流收藏编辑部搜集并标注当前市场参考价格，参照品牌茶具的官方实体店和网络购买双重渠道进行筛选标注，但因茶具的功能、材质、造型釉色、销售区域的不同，其中所标注的茶具价格仅供读者参考，在实际购买时，请以实际价格为准。

本书着眼当前市场颇受欢迎，其中不乏投资价值的茶具品牌，全部选品遵从下面三个原则：

一、新手入门。茶具发展至今，功能齐备，材质多样，造型釉色丰富，本书选品虽不能尽覆其面，但从茶壶、壶承、茶杯、杯托、茶盅、盖杯，到茶仓、茶则、茶匙，再到紫砂、青瓷、汝窑、天目、柴烧、创意茶具等等，都有涵盖，以利新手入门者对茶具市场有所了解。

二、方便购买。书中所选的中国大陆地区的茶具品牌都有其官方实体店、经销商代理，能够很方便地买到；中国台湾地区和日本的名家作品，如今不仅在其本地有官方窑口，在中国大陆也有经销商代理，通过网络商店也可轻松觅到。

三、价格区间宽松。书中所甄选的茶具品牌，价格区间覆盖面广，少则几百元，多则上万元，不论是馈赠礼物、自己赏玩，抑或是投资收藏，读者都能找到自己心仪的茶道具。

这并不是一本大杂烩式的图集，希望读者通过阅读本书，对中国大陆地区鱼龙混杂的茶具市场及经营模式进行一系列思考，对中国台湾地区当代陶艺师的作品有所品鉴，对日本"和静清寂"的茶道文化有所了解，这是我们的初衷。

中国茶文化博大精深，茶道具知识纷繁复杂，本书难免会存在一些纰漏，还望读者朋友及业内人士提出宝贵意见，以使我们在以后的工作中逐步完善。

目录
CONTENTS

茶具入门篇

中国茶具篇

大陆茶具

台湾地区茶具

日本茶具篇

茶具入门篇

水为茶之母，器为茶之父，作为孕育、盛载茶的器具，茶具是我们鉴赏和品饮茶汤的媒介，『器具精洁，茶愈为之生色』，因此茶器具的选择与安置对饮茶起着不可忽视的作用。

随着现代社会的发展和饮茶习俗的变化，茶具的种类、形态和内涵都有了新发展，带给大家的不仅有美味的茶汤，还有愉悦心神的效果。

铁壶始于江户时代，用铁制成的茶道具是经久耐用的器物，它代表了日本古朴的艺术风格

茶席的元素

① 煮水壶
② 风炉
③ 盖碗
④ 茶盅
⑤ 茶杯
⑥ 杯托
⑦ 茶壶
⑧ 壶承
⑨ 水方
⑩ 竹茶夹
⑪ 竹茶则
⑫ 茶席巾

茶器细讲——茶席的元素

煮水壶和火炉

一组得心应手的烧水器，可以带给茶人茶汤无限的灵感。所谓的"茶室四宝"中的玉书煨即是煮水壶，潮汕炉则是烧开水用的火炉。

玉书煨为赭色薄瓷扁形壶，容水量约为250毫升。水沸时，盖子"噗噗"作声，如唤人泡茶。现代已经很少再用此壶，一般的茶艺馆，多用宜兴出的稍大一些的紫砂壶，多作南瓜形或东坡提梁壶形。也有用铁壶的，铁壶古朴、耐看，煮出的水为软水，口感较圆润、甘甜，用来冲泡茶品，可有效提升口感，不过铁壶提起来相当沉重。银壶煮的水，味道软甜，壶也不重，只是价格比较高。

潮汕炉小巧玲珑，可以调节风量，掌握火力大小，以木炭作燃料。此炉在现代亦使用较少。现代的茶炉，最方便的是电炉和瓦斯炉。使用电炉的问题是水温不容易控制得很精准，泡茶的位置也受到插座的局限，电线拖在地板上不好看，还有绊倒人的危险。小瓦斯炉越做越精巧，火力虽然大，但不够美观，适合在户外使用。近来很多朋友喜欢用炭火烧水，小炭火炉应算是最好的茶炉，烧的水非常好喝，只不过起炭火很花工夫，夏天的时候感觉很热。酒精炉的火力小，不能烧水，只具有保温的效用。好处是可以调节炉心，掌握火力的大小，控制水温，不但方便、美观，而且随处都能使用。

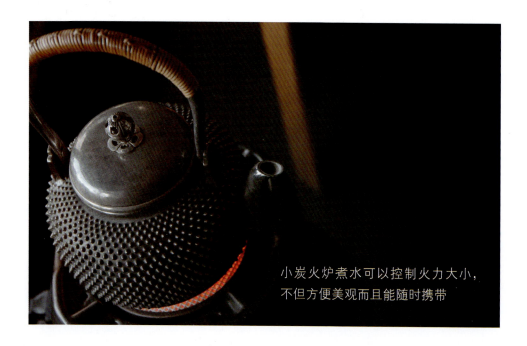

小炭火炉煮水可以控制火力大小，不但方便美观而且能随时携带

茶壶

茶壶是茶具的中心，壶的大小、泥料、形制等亦关系到茶汤的香气和韵味。明代对壶器主张以小为贵，"壶小则味不涣散，香不躲搁"；许次纾在《茶疏·瓯注》中指出，银锡制壶有利茶汤，其次是内外施釉的瓷壶，可惜老瓷壶大多不耐沸水骤浇，瓷身易裂。而江苏宜兴砂壶虽深受当时的茶人推崇，仍需避免烧结温度不足，土气败茶。

一把好壶，其口盖应紧密。选购时，先在壶里注入八分满的水，再以手指压住壶盖上的气孔，试着做倒水动作，若水流不出来，壶盖的紧密度便很高。除此之外壶的周身要匀称，壶口要圆；壶嘴、壶纽、壶把三点应对直，呈一直线；拿掉壶盖，把壶倒放在桌面上，壶口与壶嘴要相平。出汤爽利，水柱要急、长、圆、挺，如果流速过慢，就会影响茶汤的品质；壶嘴的断水要明快干净，不滴水和不倒流。

最重要的是，一把壶提起来是否顺手好用。我们每个人的手，大小、长短、胖瘦都不同，选壶时，自己的手握起来，感觉是否合适很重要。有些壶的把手不好握，或者重心往前倾，难以操作，就不是理想的壶。在壶里注满水后，能够以单手平平提起来，缓缓倒水，出水的感觉很自在顺手，就表示这把壶的重心适中、稳定。

台湾张格铭制作的手工汝瓷茶壶善于利用原材质的天然特性与造型纹理，为作品增添了趣味性

壶承的作用是为了承接淋壶的热水，以保持席面的干净清爽，
使用壶承是茶道中品茶人讲究的表现

壶承

壶承本来的功用是为了保证席面的整洁干爽，承接淋壶的热水。淋壶的目的是为壶加温，以泡出茶的精美真味，需要高温冲泡的茶叶，才用得上淋壶，此时须选用深腹的茶船，以便承接淋壶的热水。使用深腹的壶承泡茶时，要记得随手倒掉淋过壶的热水，不要把茶壶久浸在已经冷却的凉水之中，否则，不但使壶温下降，泡不出美味的茶汤，而且日久之后壶身会产生上下两截色泽。

在冲泡一些无须淋壶的茶叶时，可自由选择各种质地、颜色、大小的浅碟或无边框的垫板来做搭配，以突出壶身的线条美感。有时，即使是墙角的一块石板、一把卵石，经由茶人悉心整理，也能搭建起壶的主舞台，就像佛陀脚下的莲座。

盖碗

盖碗亦称盖杯，是含盖、碗、托三件一式的茶器。清代北方流行花茶，茶汤容量较多，具保温功能的盖碗便发展起来。盖碗的口大，揭开碗盖，茶汤、叶形都能观赏得很清楚。饮时多以盖拨茶，可直接啜饮，还可以拿起杯盖，移至鼻端闻香。杯托则可以避免端茶烫手，托着杯托，使饮啜看起来雅致大方。当我们选购盖碗时，要亲自端起来试试，有时候过大口径的盖碗，手是无法负担的。同时试试盖子是否好拨动，只有易拨动，再拨茶叶时才会方便。

鲁迅先生曾在《喝茶》一文中提到"喝好茶，是要用盖碗的，于是用盖碗。果然，泡了之后，色清而味甘，微香而小苦，确是好茶叶"。用盖碗喝茶，一定要趁热喝完，才能享受到鲜爽的茶香和甘醇的口感。我们也可以把盖碗当作泡茶的茶具，代替紫砂壶来使用，它出水快、散热快，和紫砂壶相较起来，茶汤的香气和味道略有不同。

盖碗一方面可以代替紫砂壶用来泡茶，碗盖还有拨茶叶的功能，避免喝茶时茶叶随茶水进入口中

茶盅

　　茶盅，又名公道杯，以为求能浓淡均匀地分配每一杯茶汤而名之。也有称其为"茶海"的，《红楼梦》第四十一回妙玉讥讽宝玉时描述：一杯为品，二杯即是解渴的蠢物，三杯便是饮牛饮骡了，你吃这一海便是什么？

　　选购茶盅应注意茶盅的容量要比茶壶大，因为茶盅用来混合茶汤，有时必须装入两泡茶，所以茶盅的容量要比茶壶大，以免有装不下的情形发生；茶盅的开口要选择大的，这样可方便茶壶往里注入茶汤；另外，如同茶壶一样，茶盅的出水也很重要，在倒茶至茶杯时，要考虑茶盅的出水顺畅度，以免倒得到处都是。

　　常用的茶盅有瓷器和陶器两类材质，玻璃茶盅也很常见。陶制茶盅，由于土质、釉料、烧结温度的差异，而具有不同的个性，但不论质地如何坚硬，都具有程度不同的吸水性，会使茶汤的口感变软，饱和度稍弱一点；而瓷器的茶盅不具吸水性，保留了比较多清扬的香气。又由于陶器贮藏味道的特质，如果经常冲泡各种不同类别的茶叶，就会使茶味混浊不清。简单地说，陶器的茶盅比瓷器的较为不便，也较难掌握。

茶杯

　　一杯令人感动的茶汤，是由各种微妙的因缘和合而成的，而茶杯的力量，足以改变茶汤的风味。我们用不同质地、颜色、形状、

茶盅可以混合茶汤，不同材质的茶盅会使茶汤发生不同的变化

内壁素净的杯子，可以把茶汤的颜色衬托得更为清亮

大小、高低、厚薄的杯子来品茶，茶汤就会呈现出不同的气质，有时差距大得令人惊讶。但不论什么茶，若以好的杯子来品饮，茶汤的香气、汤色、滋味，都会更加细致、丰富而迷人。而什么样的杯子是好的杯子呢？

1. 依所泡的茶种来选择

传统功夫茶讲究使用薄瓷小杯。翁辉东在《潮川茶经·功夫茶》中说："精美小杯，径不及寸，建窑白瓷制者，质薄如纸，色洁如玉，盖不薄则不能起香，不洁则不能衬色。"内壁素净，比如牙白色或者青白色的杯子，可以把汤色衬托得很清亮。

2. 依饮茶的季节或天气来定

茶杯胎土厚可保温，适合冬天使用，而较薄的杯子则适合夏天使用，让茶快点冷却，方便入口。

杯子对茶人而言如贴身的衣物，可以低调柔软不着痕迹，在茶席上看似平淡品饮，就口时却能发挥味觉，把玩在指尖又能细悉品味。选购时不妨以唇就口，试试个人是否"杯唇相融"，若杯体口沿不够细致，入口茶汤则无法充分地为味蕾品赏。

粉彩瓷是汉族传统制瓷工艺中的珍品，从康熙晚期创烧，后历朝流行不衰

杯托

　　杯托，古称盏托。杯托之于杯子，一如淑女的鞋子与衣物的搭配：可以强势，一如靴子；可以隆重，一如水晶高跟鞋；可以低吟，一如僧侣鞋。

　　杯托的用途主要在于防止烫手，同时也有卫生上的考量，为了避免直接触到杯缘，茶主人以杯托的方式奉茶给客人，较为妥当，也显得雅致。选购杯托的重点是：杯托的比例要与杯子的大小、形状、颜色等相称；杯托的设计应该要顺手好拿。如果杯托本身过大、过小、过于低平，茶杯放在上面就不太稳定，也就不是理想的杯托。茶席桌面若平整，杯型又稳健，若无大小适中的杯托时，可考虑直接使用软质杯垫。

杯托的作用有防止烫手且避免手直接接
触杯缘，奉茶给客人时也显得很雅致

茶则与茶匙

则者，量也，准也，度也。茶则，量器的一种，茶末入釜时，需要用茶则来量取。陆羽在《茶经·四之器》中指出："则，以海贝、蛎蛤之属，或以铜、铁、竹、匕、策之类。"想必陆羽是个浪漫的茶人，在江边捡拾的贝壳牡蛎都能随意运用在茶事上。

取用茶叶的时候，最好使用茶则。我们的手上有手汗、护手霜之类的气味，不要用手直接拿取茶叶，以免使茶叶吸附了杂味。茶叶的外形，有的成球状，很紧结；有的成条索状，十分蓬松。球状的茶叶很容易置茶，条索状的茶叶就要准备比较大的竹茶则才好取用。

茶匙除了掏取茶渣，尚有通壶之用，随手截取春日发芽的嫩竹枝，稍加修整便可做出流线自然的茶匙，再枕以溪边随形的卵石，就是天然的茶匙与匙置了。也可选用纤细的香箸替代茶匙，可更自由地夹取渣叶。

茶罐

茶罐，用以贮藏茶叶的容器，忌光害避暑湿，因而多选用密度高的瓷罐或内外施釉的陶瓷，金属容器则应避免油垢铁锈之气。

茶罐的材质丰富，常见的有陶瓷、紫砂、竹制、锡罐等。茶叶存放时要避免日照，所以最基本的要求是应置于不透光的罐子中，市面上的玻璃茶罐则多是为了美观或陈设而推出。选购茶罐，要注意它的功能性，尽量选择口径较大的茶罐，以避免在面对较蓬松的茶叶时，不好取用，造成茶叶碎断。

市面上常见的茶罐，大多以小型为主，置于茶席上，储存一两泡茶叶，取用方便，不占空间，所以它的密封性并不是很讲究。小茶罐不能保存茶叶的新鲜度，一方面因为茶叶少，容易走味，另一方面也由于盖子多半不够紧密，所以放入小茶罐的茶叶，最好尽早用完。

市场上的茶罐多为小型，且盖子不够紧密，为了保持茶的口感，茶罐中的茶叶要尽快用掉

茶盘

茶盘是用来盛放茶壶、茶杯、茶宠乃至茶食的浅底器皿。其选材广泛，常见的有金属、竹木、陶土等材质，其中又以金属茶盘最为简便耐用，以竹制茶盘最为清雅相宜。此外还有用特殊石材如玉石、端砚石、紫砂制作的茶盘，古朴厚重，别有韵味。茶盘的款式也十分多样，尺寸大小不一，有圆月形、棋盘形、扇形、方形等等。但不管什么材质和式样，最重要是：宽、平、浅、白，即盘面要宽，以便就客人人数的多时，可以放多几个杯；盘底要平，才不会使茶杯不稳，易于摇晃；边要浅，色要白，才能茶壶、茶杯、茶汤衬托得出色，使之雅观。至于那些精雕细琢、富丽堂皇的茶盘，会在茶席上喧宾夺主，非但不能作为平和静穆的背景衬托，反而有失饮茶品位。另外，端茶盘时一定要将盘上的壶、杯、公道拿下，不然一个失手，"全盘覆没"。

茶盘在茶具里仿似配角一样存在，但此配角不可或缺，有了茶盘，壶、杯、盅等才好粉墨登场，为茶人演一出茶文化的好戏。很多茶人在郊外或者公园举办茶会，也会用一面茶席巾来替代茶盘的角色。即便是遇到因陋就简的局面，譬如羁旅异地，莽原丛林中，幕天席地而坐，也要摆一方小小的茶盘，似乎那茶盘一摆，就能在繁杂与琐碎中理出一片清凉而广阔的天地。

茶盘选材广泛，但以竹制茶盘最为清雅，符合茶道平和静穆的氛围

水方的选用宜与其他茶具的色泽、材质
相搭配，且不要放在过于醒目的地方

水方

水方又称水盂，纳污，用于倾置温壶清杯后的水和冲泡完的渣叶。

水方的选择，要依自己在泡茶时的空间来决定，选择大小适当的，才不会占去太多的空间，影响到泡茶时的动作。一般来说，如果想把水方放置在茶席中，应该选用精致的小水方，如果需要用到稍大一点的水方，最好把它移到远离茶客的地方，比如茶炉的后面，放的地方不要太醒目，但还是要注意顺手好用的原则。而对于色彩的选择，宜与其他茶具的色泽、材质做整体的搭配。市面上常见的水方，大多以陶瓷的材质为主。

若是茶席中已经有茶盘，则可以不使用水方，因为茶盘基本功能就可以承接多余的水，而茶渣另外清理即可。

洁方

洁方，即是茶巾，古为拭盏洁器之用，如今用作拭去行茶时沾滴在席面上的茶水，材质以吸水性佳的素面棉麻为上。明人董作宾《茶录·器具》中记载：拭具布用细麻布有三妙：曰耐秽、曰避臭、曰易乾。

行茶时手边随时使用的洁方，一般不超过手帕大小，力求精致小巧。当我们以高温泡茶，淋过壶之后，可以把茶壶放在洁方的上面，吸去壶底的热水，再出汤，淋壶的水就不会顺着壶身而下了。

虽然严格来说，从洁方的用途来看，不必专用也可以，甚至用抹布代替亦可，但这样似乎有违茶的雅洁品性。张潮《幽梦影》中指出：观手中巾面，足以知其人之雅俗。茶会前，主客未曾照面，却依稀可以从方块之间一窥茶人的内在生命。

多种茶席元素的搭配可以营造意境优雅的氛围

现代茶具的分类

陶土茶具

适宜冲泡：绿茶、红茶、乌龙茶、黑茶、花茶

这里所说陶土器具主要是宜兴制作的紫砂陶茶具。

宜兴，古称荆溪、阳羡，位于中国江苏省，太湖之滨。早在新石器时代，这里便开始烧造原始粗陶，所以后世称之为"陶都"，与"瓷都"景德镇并驾齐驱，有"景瓷宜陶"之说。

紫砂工艺品类别甚多，以茗壶茶器为最，次之是花盆及文房。宜兴所独有的紫砂泥土质细致，泥坯韧度高，含铁量大，可塑性佳，干燥后的收缩率小，不易变形，具有良好的成陶性能。加之工艺大师以全手工拍打镶接的方法制作紫砂壶，制作过程契合了紫砂泥料特殊的分子结构，使其素质、素形、素色，不上彩、不施釉，朴实无华，浑然天成。另外，融入书画、篆刻、雕塑等多项技艺，尽显创作者的才华和风流雅韵，实为大成之器。

紫砂壶素净的坯体保留了泥质吸附气味的性能，泡茶时，便会把茶香和茶味贮留下来。胎土遇热时，气孔便会微开，把胎体内贮藏的茶香释放出来。所以一把仔细保养的紫砂壶，可以使泡茶的滋味更为醇厚。另外，紫砂与其他陶制品

紫砂壶是最适宜用来泡茶的壶类之一，它不仅能将茶香、茶味贮留下来，还能使茶水的滋味更为醇厚

相比，细而不腻，光而不黏，因此经年使用，不断把玩的紫砂壶质表会泛出一层光泽莹润的色泽，惹人喜爱。

瓷器茶具

适宜冲泡：绿茶、乌龙茶、红茶、花茶

瓷器茶具在中国茶具文化中具有举足轻重的地位，不仅因为其历史悠长，还因为瓷茶具与茶文化的包容性以及相得益彰的自然融合。瓷器茶具的产生稍迟于陶器，它具有坯质致密透明，釉色丰富多彩，成瓷温度高，无吸水性等特点，沏茶能获得较好的色、香、味。从性能和功用上说，瓷质茶具容易清洗，没有异味，保温适中，既不烫手，也不炸裂，是茶具中适用面最广的一类。而且瓷器茶具造型美观，装饰精巧，具有较高的艺术欣赏价值。

瓷器茶具品种很多，主要有白瓷、青瓷、黑瓷和彩瓷等。

● 青瓷茶具

青瓷是中国传统瓷器生产的主要品类，在坯体上施以青釉，在还原焰中烧制而成。中国历代所称的千峰翠色、艾色、翠青、粉青等瓷，都是指这种瓷器。青瓷以瓷质细腻、线条明快流畅、造型端庄浑朴、釉色翠青如玉著称于世，被称为"瓷器之花"。

青花瓷茶杯是中国的古典艺术文化与茶文化相结合，更显韵道典雅

白瓷茶具造型精巧，装饰典雅，外壁多雕绘山水花鸟且缀以名人书法，
颇具艺术欣赏价值，所以使用最为普遍

青瓷茶具主要产于浙江、四川等地，其中以浙江龙泉青瓷最为有名。南宋时龙泉已成为全国最大的窑业中心，作为当时五大名窑之一的龙泉哥窑生产的青瓷茶具，达到了极高的造诣，远销各地。如今的龙泉青瓷忠实地继承了中国传统的艺术风格，在继承的基础上，更有新的突破，研究成功紫铜色釉、虎斑色釉、褐色釉、茶叶末色釉、乌金釉和天青釉等。工艺美术设计装饰上，有"青瓷薄胎""青瓷玲珑""青瓷釉下彩""象形开片""文武开片""青白结合""哥弟窑结合"等。

青瓷茶具色泽青翠，用来冲泡绿茶，有益汤色之美。不过，用它来冲泡红茶、白茶、黄茶、黑茶，则易使茶汤失去本来面目，似有不足之处。

• 白瓷茶具

白瓷早在中国唐代就有"假玉器"之称，因色白如玉而得名。唐代饮茶之风大盛，促进了茶具生产的相应发展，全国许多地方的瓷业都很兴旺，形成了一批以生产茶具为主的著名窑场。以江西景德镇最为著名，其次如湖南醴陵、河北唐山、安徽祁门、四川大邑窑的白瓷茶具等也各具特色。北宋时，景德镇生产的瓷器胎薄莹润，云白天青，淡雅清扬，并有影青刻花、印花点彩装饰。到元代，发展了精致典雅、绘画层次繁多的青花瓷茶具，不仅深受国人珍爱，还远销海外。如今市面上流行的景德镇白瓷青花茶具在继承传统工艺的基础上，又研制出许多新品种，无论造型还是图饰，都体现出浓郁的民族风情。

• 黑瓷茶具

宋代流行斗茶，衡量斗茶的效果，一看茶面汤花色泽和均匀度，以"鲜白"为先；二看汤花与茶盏相接处水痕的有无和出现的迟早，以"盏无水痕"为上。蔡襄《茶录》中写"视其面色鲜白，着盏无水痕为绝佳；建安斗试，以水痕先者为负，耐久者为胜"。而黑瓷茶具，可以衬托茶汤的白与绿，茶盏胎土厚可保温，有利茶汤温度的维持。所以，宋代的黑瓷茶盏成了瓷器茶具中的最大品种。

黑瓷茶具产于浙江、四川、福建等地。其中，福建建窑生产的"建盏"最为人称道。蔡襄《茶录》中这样说："建安所造者……最为要用。出他处者，或薄或色紫，皆不及也。"建盏配方独特，在烧制过程中使釉面呈现兔毫条纹、鹧鸪斑点、日曜斑点，一旦茶汤入盏，能放射出五彩纷呈的点点光辉，增加了斗茶的情趣。

宋代的黑瓷茶盏是瓷器茶具中的最大品种，而吉州窑黑瓷叶纹茶盏制作工艺独特，存世量少，非常珍贵

玻璃茶具

适宜冲泡：绿茶、红茶、花茶

玻璃，古人称之为流璃或琉璃，是一种有色半透明的矿物质制品。其外形可塑性大，形态各异，用途广泛，用这种材料制成的茶具，能给人以色泽鲜艳、光彩照人之感。

用玻璃茶具泡茶，茶汤的鲜艳色泽，茶叶在整个冲泡过程中的上下舞动、逐渐舒展等，可以一览无余，可说是一种动态的艺术欣赏。特别是冲泡各类名茶，如龙井、碧螺春、君山银针等，能充分发挥玻璃器具透明的优越性，茶具晶莹剔透，杯中轻雾缥缈，澄清碧绿，芽叶朵朵，亭亭玉立，观之赏心悦目，别有风趣。而且玻璃杯价廉物美，深受广大消费者的欢迎。但美中不足是玻璃器具传热快，易烫手；质地脆，易破裂。

漆器茶具

漆器起源久远，早在数千年前，人们就懂得采割天然漆树液汁进行炼制，掺进所需色料，制成绚丽夺目的器件，包括食器和茶器。但是在很长的历史进程中，漆器一直未曾形成规模生产。以往漆器作为身份的象征，只在上流阶层、达官贵人家庭里出现，如今漆器茶具在日常生活中也比较少见，市面上常见茶具多为陶瓷类。然而漆器凭借其较强的艺术表现力，在与工艺美术进行优化结合后，形成了颇具欣赏价值的造型艺术，令人爱不释手。

漆器茶具较著名的北京雕漆茶具，福州脱胎漆茶具，以及江西波阳、宜春等地生产的脱胎漆

漆器茶具在古代只有上流阶层能用，如今在日程生活中也不多见，脱胎漆茶具制作精细复杂，颇具欣赏价值

器等，均别具艺术魅力。其中尤以福州脱胎漆茶具为最佳，知名的品类有"宝砂闪光""金丝玛瑙""釉变金丝"和"嵌白银"等多个品种，精美异常，绚丽夺目，逗人喜爱，具有很高的艺术欣赏价值。

脱胎漆茶具制作精细复杂，先要按照茶具的设计要求，做成木胎或泥胎模型，其上用夏布或绸料以漆裱上，再连上几道漆灰料，然后脱去模型，再经填灰、上漆、打磨、装饰等多道工序，才最终成为古朴典雅的脱胎漆茶具。脱胎漆茶具通常是一把茶壶连同4只茶杯，放置于圆形或长方形的茶盘内，壶、杯、盘通常呈一色，多为黑色，也有黄棕、棕红、深绿等色，并融书画于一体，轻巧美观，色泽光亮，又不怕水浸，能耐温、耐酸碱腐蚀。脱胎漆茶具除有实用价值外，还有很高的艺术欣赏价值，常为鉴赏家所收藏。

金属茶具

铁壶适宜煮水，锡罐适宜贮茶

金属茶具是指用金、银、铜、铁、锡等金属材料制作而成的器具。它是我国古老的日用器具之一，早在青铜器时代人们就利用青铜制作盘盛水，制作爵、尊盛酒，这些青铜器皿自然也可用来盛茶。

自秦汉以来，茶叶作为饮料已渐成风尚，茶具也逐渐从与其他饮具共用中分离出来。但是金属作为饮茶用具，尤其是金银器具，因为造价昂贵，一般老百姓无法使用，只存在于宫廷之中。宋代以后，随着饮茶方法的改变，以及陶瓷茶具的兴起，才使包括银质器具在内的金属茶具逐渐消失，但用金属制成的贮茶器具，如锡瓶、锡罐等，却屡见不鲜。这是因为锡作为贮茶器具材料，与纸、竹、木、瓷、陶相比有较大的优越性。锡罐多制成小口长颈，盖为筒状，密封性强，因此对防潮、防氧化、防光、防异味都有较好的效果。

金属作为饮用茶具往往只出现在宫廷中，宋代以后逐渐消失

发酵重的茶叶，如熟洱，老茶头，大黄片，红茶等和陈年老茶
适合用铁壶煮着喝，轻发酵的茶叶以冲泡为佳

日本的茶道文化以铸铁壶为基，铁壶煮水沸点高，镇日恒温，用之煮水泡茶可激发和提升茶的香气。尤其对于陈年普洱，因陈化时间较长，必须采用足够的高温水，才能淋漓尽致地把其内质陈香和茶韵发挥出来，实为绝配。日本铁壶的发展最早可追溯至江户时期，距今已有数百年，因其制作工艺的繁复，且全部纯手工，每件皆是珍品，因此既可以当成日常煮水器养生，也可以拿来欣赏收藏。

竹木茶具

适宜冲泡：白茶

竹木茶具是人们利用天然竹木砍削而成的器皿，历史极其悠久。隋唐以前，我国的饮茶器具，除陶瓷器外，多用竹木制作而成，陆羽在《茶经·四之器》中开列的茶具，多数是用竹木制作的。竹木茶具，材料来源广，制作方便，对茶无污染，对人体亦无害，因此，自古至今，一直受到茶人的欢迎。

在中国很多茶区，人们使用竹制茶具或木碗泡茶。它们物美价廉，经济实惠，但现代已很少使用。不过，现在人茶席上使用的茶匙、茶则多是用竹木制成，且在器身上绘以精美图案，匠心独具，制作精良，极富艺术欣赏价值。

竹编茶具由内胎和外套组成，内胎多为陶瓷类饮茶器具，外套用精选慈竹，经劈、启、揉、匀等多道工序，制成粗细如发的柔软竹丝，经烤色、染色，再按茶具内胎形状、大小编织嵌合，使之成为整体如一的茶具。这种茶具，不但色调和谐，美观大方，而且能保护内胎，减少损坏；同时，泡茶后不易烫手，并富有艺术欣赏价值。因此，多数人购置竹编茶具，不在其用，而重在摆设和收藏。

中国茶具篇

茶具随着『茶之为饮』应运而生，并随着饮茶习俗的变化而不断发展。近年来，大陆地区茶具市场增长迅速，各茶具企业在注重产品研发的同时，开始逐渐关注自身品牌的塑造。台湾地区茶具起步晚，20世纪80年代，在茶艺与现代陶艺两种文化蓬勃发展的影响下，许多茶人、艺术家竞相投入，不断创意研发，创作出各式茶具，无论是材质选择、造型创意，还是釉色表现、实用功能等方面，都各具巧思，令人刮目相看。

青花是我国最具民族特色的瓷器装饰，是釉下彩瓷的一种，
青翠欲滴的蓝色花纹，显得幽倩美观，明净素雅

大陆茶具

春风祥玉的梅花茶盅，颜色清淡，画工清秀，器型周正、大气

春风祥玉

景德镇青花瓷名窑

年代 2008 年
创始 前身为"贵和祥"
价位 高端
特色 青花、粉彩、各类颜色釉
底款 春风祥玉

　　景德镇春风祥玉的前身为贵和祥，传承于清朝嘉庆年间景德镇瓷号"贵和堂"，主要致力于中国历代手制手绘茶具以及现代茶具的设计与制作，是今日景德镇著名的高端手工茶器品牌。其产品涵盖青花、青花玲珑、粉彩、各类颜色釉等，远销韩、日、东南亚及欧洲各国，并多次在世界茶文化博览会上亮相，在广交会上受到极高评价，引起众多华人华侨及外商的青睐。

　　百年来，其秉承中华瓷艺之最高精髓"景瓷宜陶"的传统，对产品品质精益求精，无论是造型、色泽还是装饰工艺方面，具有极高的审美情趣和美学鉴赏价值，堪称实用和观赏相结合，是值得收藏的现代瓷中的精品。2008 年"贵和祥"在自有技术的保护及自主品牌的推广上采取了超前意识的大胆尝试，全新注册并推出自主品牌"春风祥玉"，开创了民间瓷器作坊品牌化经营的新概念，对传统瓷器经营模式起了很好的改革典范作用。

品鉴

胎骨：瓷胎仿和田白玉色，还原古人对白的审美，脂白中略带一丝青，细腻如玉。

釉面：细润光滑，光泽莹润如玉。

发色：继承古法，淘洗矿石，还原原色，清淡艳丽。

画工：传统工笔技法纤细清秀，缠枝纹描线流畅，山水人物刻画有力，画面色泽浓淡相宜。

构图：布局得体，虚实有度。风格明快简洁，形式素净，主图画面与装饰纹样结合完美。

器型：周正，大气。

抹茶釉瓷器 斗笠杯

规格：直径 9.5cm，高 5cm，重量 67g

底款：辛卯春风祥玉

参考价格：2,400 元 / 只

粉彩童子采莲金钟杯

规格：直径 8.5cm，高 5cm，重量 56g

底款：庚寅春风祥玉

参考价格：5,600 元 / 只

珐琅彩荷花鹭鸶品杯

规格：直径 8.2cm，高 5.2cm，重量 86g

底款：辛卯春风祥玉

参考价格：5,600 元 / 只

粉彩冠上冠品杯

规格：长 8.3cm，高 5.2cm，重量 86g

底款：景德春风祥玉

参考价格：6,000 元 / 只

粉彩芦苇雁品杯

规格：直径 7.8cm，高 4.6cm，重量 90g

底款：已丑邹俊窑制

参考价格：5,600 元 / 只

全釉里红撇口对杯

规格：直径 8.7cm，高 4cm，重量 43g/ 只

底款：辛卯春风祥玉

参考价格：2,400 元 / 对

青花釉里红鱼藻纹茶具套组

规格：茶杯　直径 7.8cm，高 3cm，重量 43g
　　　茶盅　长 13cm，高 5.7cm，重量 129g
　　　茶罐　直径 9.8cm，高 10.5cm，重量 350g
　　　盖碗　直径 12.5cm，高 11cm，重量 328g
底款：壬辰春风祥玉
参考价格：25,000 元 / 套

梅花小品对杯

规格：直径 5.3cm，高 3.2cm，重量 20g/ 只
底款：春风祥玉邹俊窑制
参考价格：6,400 元 / 对

高温颜色釉套杯5只

规格：直径 8.3cm，高 4cm，重量 50g/ 只
底款：辛卯春风祥玉
参考价格：11,000 元 / 套

青花地梅花盖碗

规格：直径：11.5cm，高 9.5cm，重量 246g
底款：春风祥玉邹俊窑制
参考价格：10,000 元 / 组

山茶花茶罐

规格：直径 10.8cm，高 8.5cm，重量 330g

底款：庚寅春风祥玉

参考价格：8,400 元 / 只

蝶恋花茶盅

规格：直径 8cm，高 8.3cm，重量 128g

底款：辛卯春风祥玉

参考价格：4,200 元 / 只

马纹茶罐

规格：直径 8.6cm，高 10.5cm，重量 350g

底款：己丑邹俊窑制

参考价格：18,000 元 / 只

墨绿粉彩荷塘花鸟茶罐

规格：直径 11cm，高 11.5cm，重量 520g

底款：景德春风祥玉

参考价格：19,600 元 / 只

梅花茶盅

规格：长 14cm，宽 9cm，高 6cm

底款：春风祥玉邹俊窑制

参考价格：9,600 元 / 只

满地梅茶壶、壶承套组

规格：茶壶 长 15.5cm，高 9.5cm
　　　壶承 长 14.3cm，高 5.5cm

底款：庚寅春风祥玉

参考价格：24,500 元 / 套

小雅

景德镇青花瓷名窑

创始 阮定荣
价位 中高端
特色 青花瓷
底款 小雅珍玩、小雅珍藏、小雅奇珍、小雅

　　小雅作为景德镇名窑，秉承中华传统瓷艺精髓，手工制作精细，青花用料考究，仿古发色，色彩到位，作品主要以茶具、文房具为主，远销海外。近年来凭借其独特的风格、稀有的市面存量，开始被国内一些藏家关注，短短几年价值持续攀高，成为新瓷玩家追寻的目标。

　　小雅窑秉承景德镇传统瓷艺精髓"景瓷宜陶"风范，用料严格，坚持选用高岭土。高岭土质地细密，化学分子结构稳定，但在制胎及烧制过程中易变形，出品率只有 30% ～ 50%，薄胎式工艺复杂的有些会低至 5% ～ 10%。在市场化的今天，很多追求商用价值的瓷号自然会改用其他陶土，以出品率来换回商品价值。然而，以收藏级别要求自己的小雅窑，始终坚持精益求精的制瓷态度，宁缺毋滥。小雅每款作品皆具景德镇名窑之风，青花发色浓淡适宜，深浅有致，层次分明；瓷胎肥润，质感细腻；尤其画工技艺炉火纯青，画面构图均衡合理，主要以中国传统古典风格为主，仿古而不复古，画工精致细腻，画风偏柔美，多为仕女和花草鸟虫。

刘海斗金蟾茶壶

规格：长 11.8cm，宽 7.8cm，
　　　带盖高 8.5cm，口径 4cm，
　　　重量 162g
底款：小雅珍玩
参考价格：9,500 元 / 只

米芾拜石茶杯

规格：直径 6.2cm，高 4.8cm，重量 39g
底款：小雅
参考价格：1,500 元 / 只

松竹梅茶壶

规格：长 12.5cm，宽 8cm，带盖高 8.5cm，口径 4.2cm，
　　　重量 133g
底款：小雅珍玩
参考价格：10,000 元 / 只

手绘青花瓷器 罗汉壶

规格：长 12.5cm，宽 8cm，带盖高 8.5cm，口径 4.2cm，
　　　重量 142g
底款：小雅珍玩
参考价格：10,000 元 / 只

荷花马蹄杯

规格：直径 6.7cm，高 4cm，重量 85g
底款：小雅
参考价格：1,500 元 / 只

手绘青花瓷器 葡萄 茶壶

规格：长 14.5cm，高 9.5 cm，重量 186g
底款：小雅珍玩
参考价格：7,500 元 / 只

手绘青花瓷器 婴戏纳福 茶壶

规格：长 11.5cm，宽 7.3cm，高 8cm，重量 140g
底款：小雅珍玩
参考价格：7,000 元 / 只

手绘青花瓷器 美女带子对杯

规格：直径 6.5cm，高 4.6cm，重量 43g/ 只
底款：小雅
参考价格：5,000 元 / 只

手绘青花瓷器 花卉马蹄杯

规格：直径 6.8cm，高 4cm，重量 87g/ 只

底款：小雅

参考价格：3,000 元 / 对

手绘青花瓷器 花卉壶

规格：长 12.2cm，直径 7.8cm，高 8.7cm，重量 156g

底款：小雅

参考价格：6,500 元 / 只

手绘青花瓷器 童戏壶

规格：长 7.4cm，带盖高 8.6cm，口径 3.5cm，重量 135g

底款：小雅珍玩

参考价格：6,500 元 / 只

手绘青花瓷器 瓜果茶壶

规格：长 14.5cm，带盖高 7.2cm，口径 4.7cm，重量 193g

底款：小雅珍玩

参考价格：6,500 元 / 只

手绘青花瓷器 奇石花卉 茶壶

规格：长 12.7cm，带盖高 8.5cm，口径 4.3cm，重量 143g

底款：小雅珍玩

参考价格：9,500 元 / 只

手绘青花瓷器 山水开窗 茶壶

规格：长 12.5cm，带盖高 8.1cm，口径 4.3cm，重量 130g

底款：小雅珍玩

参考价格：9,000 元 / 只

九段烧

景德镇青花瓷名窑

创始 段镇民
价位 中高端
特色 陶瓷
底款 镇民恪制、妙手青花、九段妙手、妙手丹青、妙手禅心
官网 http://www.jds-china.com/

1996 年，新华社记者章武先生数访景德镇，足迹遍及瓷都的大街小巷，发现"段窑"产品不但风格独特，而且品质上乘，故感慨而言"如果瓷器能评段位的话，段窑的产品可评九段"，遂建议将"段窑"改名为"九段烧"。

九段烧产品晶莹剔透，薄如蝉翼，轻如绸纱。胎骨采用上等原料纯手工精细制作，独家秘制配方，发色纯正、清雅脱俗，作品融入中国传统文化元素，内容丰富，题材涵盖佛教、道教、经典历史人物等，画工精细传神。其创作的三国系列、十二金钗、八仙人物、雪景山水、十八罗汉、婴戏、天宫图等题材的茶器深得青花瓷爱好者的喜爱。

九段烧按照画工将其产品分为普品和增藏两个系列，分别落底款"景德九段""九段珍藏""九段妙手"，2010 年"九段"二字被人抢注，遂将普品"景德九段"改为"镇民恪制"，"九段珍藏"改为"妙手青花"，改款后的"镇民恪制"系列品质有很大提升。而九段烧具有较高收藏价值的最高端产品"九段妙手"从未改款。另外，九段烧在 2010 年底推出新产品"妙手丹青"和"妙手禅心"粉彩系列。

九段烧产品从普品到收藏品均坚持全手工自己生产，因为工艺和窑口的规模等原因，出品有限，但也正是稀缺性、艺术性和实用性结合，使得价格连年攀升，受到追捧。

手绘青花薄胎瓷器 钟馗嫁妹长形杯

规格：直径 6cm，高 8.5cm，重量 86g
底款：九段妙手
参考价格：4,800 元 / 只

手绘粉彩薄胎瓷器 紫云仙阁腰果杯

规格：直径 5.5cm，高 9cm，重量 78g
底款：妙手丹青
参考价格：4,800 元 / 只

手绘薄胎瓷器 探山问路 鸡心杯

规格：直径 8.8cm，高 4.8cm，重量 76g
底款：妙手青花
参考价格：1,800 元 / 只

手绘粉彩薄胎瓷器 八仙祝寿圆口杯

规格：直径 8.3cm，高 5.2cm，重量 115g
底款：妙手丹青
参考价格：6,000 元 / 只

手绘粉彩薄胎瓷器 婴戏图品杯

规格：直径 7.9cm，高 7.8cm，重量 133g
底款：妙手丹青
参考价格：6,000 元 / 只

手绘粉彩薄胎瓷器 江南奇秀品杯

规格：直径 8.2cm，高 5cm，重量 96g

底款：妙手丹青

参考价格：4,800 元 / 只

手绘粉彩薄胎瓷器 斗笠龙杯

规格：直径 8.4cm，高 4.3cm，重量 70g

底款：妙手丹青

参考价格：4,800 元 / 只

手绘矾红描金瓷器 洋莲花直马蹄杯

规格：直径 8cm，高 3.5cm，重量 66g

底款：妙手禅心

参考价格：2,400 元 / 只

手绘青花薄胎瓷器 小圆口龙凤对杯

规格：直径 6.3cm，高 4.2cm，重量 44g/ 只

底款：镇民恪制

参考价格：960 元 / 对

手绘青花瓷器 三顾茅庐茶罐

规格：直径 12.5cm，高 16.5cm，重量 660g

底款：九段妙手

参考价格：15,000 元 / 只

妙手青花 手绘薄胎瓷器 鸳鸯戏水 茶叶罐

规格：口径 7.7cm，高 11.5cm，重量 380g

底款：妙手青花

参考价格：3,000 元 / 只

手绘薄胎瓷器 猴王拜师 品杯

规格：直径 7.2cm，高 6.6cm，重量 109g
底款：妙手青花
参考价格：1,800 元 / 只

手绘薄胎瓷器 浴马图品杯

规格：直径 8.2cm，高 5cm，重量 69g
底款：九段妙手
参考价格：6,000 元 / 只

无光白 茶盅

规格：长 11cm，高 9.4cm，长 8.5cm，重量 105g
底款：妙手燔功
参考价格：780 元

手绘薄胎瓷器 钟馗赐福 鸡心杯

规格：直径 8.8cm，高 4.9cm，重量 68g
底款：妙手青花
参考价格：1,800 元 / 只

手绘薄胎瓷器 学比千金 鸡心杯

规格：口径 8.5cm，高 5cm，重量 71g
底款：妙手青花
参考价格：1,800 元 / 只

手绘青花薄胎瓷器 山水折腹杯

规格：直径 6.9cm，高 4.4cm，重量 39g
底款：镇民恪制
参考价格：550 元 / 只

手绘青花薄胎瓷器 古筝相寄 品杯

规格：直径 6.6cm，高 5.3cm，重量 70g

底款：妙手青花

参考价格：1,800 元 / 只

手绘青花薄胎瓷器 归去来兮 品杯

规格：直径 6.8cm，高 6.5cm，重量 78g

底款：妙手青花

参考价格：1,800 元 / 只

手绘青花薄胎瓷器 学棋 品杯

规格：直径 7.7cm，高 5cm，重量 70g

底款：妙手青花

参考价格：1,800 元 / 只

手绘青花薄胎瓷器 绝活 品杯

规格：直径 6.5cm，高 6.5cm，重量 82g

底款：妙手青花

参考价格：1,800 元 / 只

手绘青花薄胎瓷器 伏虎罗汉 品杯

规格：直径 7.2cm，高 6.5cm，重量 110g

底款：妙手青花

参考价格：1,800 元 / 只

手绘青花瓷器 竹林七贤 茶罐

规格：直径 12.8cm，高 16.5cm，重量 850g

底款：九段妙手

参考价格：12,000 元 / 只

手绘青花薄胎瓷器 寿桃 盖碗

规格：直径 11cm，高 8.3cm，重量 210g

底款：镇民恪制

参考价格：1,000 元 / 只

手绘青花薄胎瓷器 春园乐趣 品杯

规格：直径 6.8cm，高 6.5cm，重量 84g

底款：妙手青花

参考价格：1,800 元 / 只

手绘薄胎瓷器 同寻师尊 品杯

规格：直径 6.6cm，高 5.5cm，重量 71g

底款：妙手青花

参考价格：1,800 元 / 只

手绘薄胎瓷器 赶集 直口杯

规格：直径 7.8cm，高 6.3cm

底款：九段妙手

参考价格：3,600 元 / 只

手绘青花薄胎瓷器 紫藤花鸟 对杯

规格：直径 7cm，高 4.1cm，重量 53g/ 只

底款：镇民恪制

参考价格：1,320 元 / 对

手绘薄胎瓷器 布袋和尚 品杯

规格：口径 6.4cm，高 7cm，容量约 190ml

底款：妙手青花

参考价格：1,800 元 / 只

居和堂

景德镇手工制瓷坊

价位 中高端
特色 仿古瓷
底款 居和堂制
官网 http://jdzjh.com/

　　居和堂是一家有着二十多年仿古瓷经验的景德镇手工制瓷坊，一直以来潜心复制清代宫廷之皇室用品，无论其釉水、发色、形制、绘画，都可堪与原作媲美，故而得到众多收藏家的认可，成为目前极具潜力的制瓷业品牌之一。

　　居和堂出品品种繁多，以茶器、花器、香器及佛教题材作品为主线，含及仿古瓷、雕刻瓷、瓷板画艺术等以官窑陶瓷生产工艺为要求制作的当代陶瓷作品，署款"居和堂制"，且已获国家专利。

　　居和堂的陶瓷制作延续传统工艺，由最有经验的顶级工艺师全手工完成。工艺流程大致可分解为 11 个大的步骤：一、采石制泥；二、炼灰配釉；三、拉坯利坯；四、颜料制备；五、画坯雕坯；六、上釉蘸釉；七、成坯入窑；八、烧窑开窑；九、白胎加彩；十、烧炉烤花；十一、开炉选瓷。其中每道工序都精益求精，十分苛刻，且制作不惜工本，胎釉精良细腻，绘画繁缛华丽，造型精巧新奇。即使在最细微的细节上，都花费巨大的心思和极为精致的技巧去实现，作品可谓登峰造极，令人叹为观止。

　　除精致的仿古瓷外，各式各样的雕刻瓷也是居和堂的一大特色，有镂空透雕的香薰、花篮、灯罩等，更有双层透雕转心瓶、转颈瓶等，其结构之严密，制作之精确，构思之巧妙，均令人折服。居和堂还制作仿生瓷，有动物、植物、瓜果等。还有仿青铜器、仿漆器、仿竹木器、仿玉石珊瑚等，其色泽质地，无不惟妙惟肖，几可乱真。

百花不露地茶罐

规格：高 9cm

底款：居和堂制

参考价格：12,000 元 / 只

所谓百花不露地，又称"万花堆""百花图"，清乾隆时期景德镇粉彩瓷器独具特色的花卉题材之一。器身绘满各色花朵，犹如万花堆聚，五彩缤纷，寓意百花呈瑞。

甜白釉玉兰杯

规格：口径 6.6cm

底款：居和堂制

参考价格：6,000 元 / 只

甜白釉以明代永乐最为著名，多薄胎，釉色莹润，能照见人影，给人以温柔恬静之感，故称为"甜白"，素有"白如凝脂，素犹积雪"之誉。

百花不露地木纹釉盖钵

底款：居和堂制

参考价格：9,000 元 / 只

青花蔬果玉兰杯

底款：居和堂制

参考价格：3,000 元 / 只

珐琅彩蔬果玉兰杯

底款：居和堂制

参考价格：6,000 元 / 对

珐琅彩瓷，是将画珐琅技法移植到瓷胎上的一种釉上彩瓷。特点是瓷质细润，彩料凝重，色泽鲜艳靓丽，画工精致。

粉彩万花壶

底款：居和堂制

参考价格：35,000 元 / 只

黄釉玲珑杯

底款：居和堂制

参考价格：6,800 元 / 只

仿古婴戏品杯

规格：直径 8cm，高 6cm

底款：居和堂制

参考价格：6,690 元 / 只

仿古斗彩皮球花品杯

规格：直径 5cm，高 7.5cm

底款：居和堂制

参考价格：4,500 元 / 只

青花团龙纹罗汉杯

规格：直径 5cm，高 3.5cm

底款：居和堂制

参考价格：1,500 元 / 只

蓝地描金粉彩贯套纹若深杯

规格：直径 9cm，高 4cm

底款：居和堂制

参考价格：2,000 元 / 只

豆青釉粉彩三果杯

规格：口径 8cm
底款：居和堂制
参考价格：3,000 元 / 只

此钵式杯收口、鼓腹、圈足，器型规整，比例协调；内壁光素，白釉纯净自然；外壁通施豆青釉，细腻温润，并绘以一周花卉图案，桃、石榴、佛手，称为"三果图"。桃子表示长寿，佛手代表富贵，石榴表示多子孙，表达了古人"多福多寿多子孙"的美好愿望。

天青釉钵杯

规格：直径 6cm，高 3.5cm
底款：居和堂制
参考价格：1,400 元 / 只

红地团纹描金缸杯

规格：直径 3.5cm，高 6cm
底款：居和堂制
参考价格：1,500 元 / 只

豆青地竹纹描金茶罐

规格：直径 6cm，高 13cm
底款：居和堂制
参考价格：3,000 元 / 只

绿地轧道玲珑盖杯

规格：直径 9.5cm，高 6cm
底款：居和堂制
参考价格：10,000 元 / 只

颜玉窑

续写 7501 瓷的传奇

年代 2010 年

创始 7501 瓷研制参与者郑国良，材料专家郑旭，景德镇元青花大师饶克勤、饶志阳联手创建

价位 中高端

特色 复烧 7501 瓷

底款 颜玉

人物名片：

郑国良：获中国陶瓷行业突出贡献大奖的陶瓷科技专家，7501瓷研制参与者，是颜玉窑7501瓷土配方者。

郑旭：就职于中国轻工业陶瓷研究所，国家核心期刊《中国陶瓷》副总编辑，中国著名陶瓷材料专家。

饶克勤：中国著名的元青花大师，代表作品为仿"鬼谷下山"。

饶志阳：中国元青花新一代大师，擅长难度极高的古法拉坯、印坯等工艺。

1975 年，为解决毛泽东主席用餐的保温、保洁问题，中央办公厅向当时设在江西省的中国轻工业部陶瓷工业科学研究所下达一项任务，要求秘密研制一批供毛主席专用的生活用瓷。这个任务是该所 1975 年的第一项任务，故称 7501 任务，这次研制的产品称 "7501 瓷"。研究所 3 个月时间共烧 22 窑，制出 14103 件瓷器，合格率不到 15%，最后精选两套送交中南海。两套中，一套为釉上画面，名曰水点桃花；另一套为釉下画面，名曰翠竹红梅。

7501 瓷既具备官窑的造型美、工艺绝、不计成本等特征，又是全民空前崇拜的领袖所用瓷器，为此，这批瓷器的问世就特别具有神秘及传奇色彩。无论从造型设计还是拉坯、绘画、点彩、烧制都是由当时景德镇最著名的技术人员负责，每个环节的工艺都代表了当时中国瓷艺的最高水平。其造型以明代正德官窑的器型为蓝本，着重取其华美而端庄、秀丽而稳重的风采。胎土特选江西抚州东乡的一种非常珍稀的优质高岭土做原料，用此料制成的瓷器呈半薄胎状，通体晶莹剔透，温润如玉，洁白无瑕，逆光视之，器壁非常均匀，成半透明状，以手指轻击，其声清脆悦耳。在彩釉的绘制方面，工艺师们功底深厚，用笔娴熟，画面清虚灵动，釉色浓淡干湿掌握得恰到好处。在图案设计上，充分考虑了毛泽东主席的个人情趣，创作灵感全部来自毛主席诗词，每种图案都有其诗词来源，每种图案也都由专人设计。

三十多年过去了，这批神秘瓷器的价值也由当初的几十元翻了数万倍，仅一只 "7501瓷" 调羹就达 10 万元，一个小瓷碗约 170 万元。

2010 年，瓷都景德镇颜玉窑的横空出世，迅即受到了陶瓷界和收藏界的高度关注。该窑口特点之一即复烧 7501 瓷，并将此应用于现代茶具制作中。颜玉窑全部作品均采用7501 瓷土、全手工拉胚、手工绘制等，胎骨洁白剔透、器形考究、纹饰精美。再现了大师的巅峰造诣，续写 7501 瓷的传奇故事。

颜玉窑胎骨洁白剔透、器型考究、纹饰精美，是品茶上选

珐琅彩牡丹鸡蛋杯

规格：直径 6.5cm，高 4.6cm
材质：青白釉 +7501 瓷质
底款：颜玉
参考价格：1,200 元 / 只

珐琅彩隐菊鸡蛋杯

规格：直径 6.5cm，高 4.6cm
材质：青白釉 +7501 瓷质
底款：颜玉
参考价格：1,200 元 / 只

珐琅彩润莲鸡蛋杯

规格：直径 6.5cm，高 4.6cm
材质：青白釉 +7501 瓷质
底款：颜玉
参考价格：1,200 元 / 只

珐琅彩素梅鸡蛋杯

规格：直径 6.5cm，高 4.6cm
材质：青白釉 +7501 瓷质
底款：颜玉
参考价格：1,200 元 / 只

粉彩远山四季杯

规格：直径 6.5cm，高 3cm

材质：青白釉 +7501 瓷质

底款：颜玉

参考价格：3,000 元 / 只

珐琅彩安居乐业杯

规格：直径 7.5cm，高 4.5cm

材质：青白釉 +7501 瓷质

底款：颜玉

参考价格：1,500 元 / 只

青花八大笔意马蹄杯

规格：直径 7cm，高 4cm

材质：白釉 +7501 瓷质

底款：颜玉

参考价格：800 元 / 只

釉下五彩杯

规格：直径 7.5cm，高 4.5cm

材质：青白釉 +7501 瓷质

底款：颜玉

参考价格：800 元 / 只

青花宝象花点功鸡缸杯（乾隆款）

规格：直径 8cm，高 7cm

材质：青白釉 +7501 瓷质

底款：颜玉

参考价格：1,600 元 / 只

青花四季花盖碗

规格：直径 10.5cm，高 10cm

材质：青白釉 +7501 瓷质

底款：颜玉

参考价格：3,200 元 / 套

青花梦蝶盖碗

规格：直径 10.3cm，高 8.7cm

材质：青白釉 +7501 瓷质

底款：颜玉

参考价格：3,600 元 / 只

粉彩太白醉酒鸡缸杯（成化款）

规格：直径 7.5cm，高 4cm

材质：青白釉 +7501 瓷质

底款：颜玉

参考价格：1,350 元 / 只

雕刻观澜鸡蛋杯

规格：直径 6.5cm，高 4.6cm

材质：青白釉 +7501 瓷质

底款：颜玉

参考价格：900 元 / 只

雕刻佛手印竹节杯（3只）

规格：直径 6cm，高 5cm

材质：影青釉 +7501 瓷质

底款：颜玉

参考价格：3,600 元 / 套

墨彩八仙盖碗
规格：直径 10.5cm，高 10cm
材质：白釉 +7501 瓷质
底款：颜玉
参考价格：4,200 元 / 套

青花福寿连绵大梨壶
规格：直径 8.7cm，高 10cm
材质：青白釉 +7501 瓷质
底款：颜玉
参考价格：1,600 元 / 只

般若波罗蜜多心经大钵（水盂）
规格：直径 15.3cm，高 11.3cm
材质：白釉 +7501 瓷质
底款：颜玉
参考价格：15,000 元 / 只

7501毛瓷翠竹红梅图案茶具套件

一壶、四杯、一公道

材质：白釉 +7501 瓷质

底款：颜玉

参考价格：7,000 元 / 套

真如堂
传统陶瓷手工工作坊

创始　伍一洵
价位　中高端
特色　陶瓷
底款　真如堂
官网　www.genreart.com.cn

　　真如堂是一家传统陶瓷手工作坊，坐落于江西景德镇湖田古窑址之上，由文化学者、艺术家伍一洵创办。2009年12月，在中国嘉德国际拍卖公司举办的"普天同庆·传世经典"专场拍卖会上，"真如堂"的茶器出现在拍卖会上。而以往历次的嘉德拍卖会，古董和名家作品一直占据主角，作为现代手工作坊品牌的"真如堂"瓷器登场拍卖，在嘉德公司的历史上还是破天荒第一次。其中《清明上河图》（7件套）拍出9.8万元，另外一套山水《晴峦翠色图》拍出3.6万元。

　　真如堂出品品种繁多，题材丰富。从釉料上分有青花、粉彩、新彩、古彩、高温色釉等；从工艺上分有雕刻（含堆雕，阴刻）、彩绘以及圆雕和浮雕；从产品类型上分，则有茶器、香炉、文具、酒具、花器、陈设品、现代陶艺以及佛事用具和佛造像等。此外还有一些知名艺术家在陶瓷上创作的艺术品。

　　除了品种多之外，真如堂另一个特点是创新性极强。在继承景德镇传统工艺的基础上，挑选优秀的工匠和画师，再与外地的艺术家和设计师进行沟通融合，创作的作品给人耳目一新的感觉，改变了人们过去对景德镇只懂仿制的印象。真如堂也有一些仿制的东西，但不是完全模仿，而是略有改变，用新的手法将陶瓷做得更为精美，也更能适合现代人的生活品味。

茶壶是茶具的中心，一把壶提起来是否顺手、好用才是我们选壶的最重要的标准

青花竹影清风品茗杯

规格：口径 6.3cm，高 3.5cm，容量 60 ml
颜色：白瓷青花绘
参考价格：800 元 / 只

枯木逢春青花斗彩杯

规格：口径 6.5cm，高 3.9cm，容量 60ml
颜色：白瓷青花点彩
参考价格：800 元 / 只

手绘青花瓷器 凤穿花 对杯

规格：口径 6.8cm，高 6.2cm，重量 160g / 只
参考价格：1,600 元 / 对

手绘青花瓷器 烟江叠嶂 对杯

规格：口径 6cm，高 5.1cm，重量 146g
参考价格：1,450 元 / 对

晴峦暖翠图马蹄对杯

规格：直径 6.8cm，高 2.9cm，重量 42g/ 只
参考价格：9,680 元 / 对

折枝花盖碗

规格：长 11cm，带盖高 8cm，口径 10.1cm，
　　　重量 221g
参考价格：2,730 元 / 只

手绘青花瓷器 鱼藻图 斗笠碗

规格：直径 19cm，高 6.4cm，重量 356g

参考价格：2,470 元 / 只

手工堆雕瓷器 多子多福多寿 茶罐

规格：肚径 16.8 cm，高 21cm，口径 8.5cm，
　　　重量 1508g

参考价格：6,500 元 / 只

手绘粉彩瓷器 玉兰先春大水盂

规格：直径 18.8cm，高 9.8cm，重量 1014g

参考价格：5,560 元 / 只

青花斗彩枯木逢春壶承

规格：口径 1.9cm，高 4cm，底径 7cm

颜色：白瓷青花斗彩

参考价格：800 元 / 只

八仙品杯套组

规格：直径 6.3cm，高 4.2cm，重量 50g/ 只

参考价格：12,800 元 / 套

手绘粉彩瓷器 玉兰先春茶壶、茶盅、茶杯套组

规格：茶壶长 10cm，直径 6.8cm，高 6.5cm，重量 115g
　　　茶盅长 8.8cm，直径 8.6cm，重量 110g
　　　马蹄杯直径 6.7cm，高 3.9cm，重量 60g/ 只

参考价格：7,330 元 / 套

问鼎 鼎峰汝瓷

顶级仿汝窑品牌

年代 2009 年

价位 中高端

特色 顶级汝瓷（仿汝窑）品牌

官网 http：//www.winningtea.com

● 荣誉

中国问鼎汝瓷为"2012中国房地产品牌峰会"独家赞助商；第26届励展华群北京
国际礼品展指定赞助企业；2012杭州国际茶叶及茶具展览会特别赞助商。

中国问鼎汝瓷是顶级汝瓷（仿汝窑）品牌，经多年探索与研究，在陶瓷领
域独树一帜。旗下品牌包括中国问鼎汝瓷（鼎峰系列、宋奉华系列）、鼎色天目
系列、问鼎钧瓷系列、问鼎收藏器系列、天石台湾陶艺等。每一个品牌都有着自
己的灵动美感，犹如百家争鸣。茶具类别、器形力求满足不同消费者的需求。无
论你是喜欢北方敦厚朴素之感还是喜欢江南水乡玲珑雅致之美，在问鼎你都能寻
找到那一份属于你的审美。

问鼎鼎峰汝瓷作为中国问鼎汝瓷的主打产品，是集实用、收藏、观赏为一
体的高端汝瓷产品，在汝瓷的高端市场具有一定的影响力。

执问鼎鼎峰汝瓷于手，其釉色细洁净润，清纯宁静，视之如碧峰翠色，有似
玉非玉之美；以天青、传统天青及月白釉色为主；细观问鼎鼎峰汝瓷，可见釉中
半透明、模糊的气泡，聚散有序自然，在不同的光照条件下隐现，似星闪烁。它
釉面滋润莹澈，抚之如绢，釉如堆脂，色泽滋润内
敛。承汝窑工艺绝伦，器表蝉翼细纹开片精细地布
于柔软瓷皿，深浅互叠、合于天意，即使经过多年，
仍会伴随着清脆悦耳的开片声缓慢生发，饮茶时茶
汁浸入开片，形成的茶渍纹更为自然。纹片晶莹多
变，这些看似裂痕的细线，是汝瓷用
时间的历练展现自己怒放的生命姿态，
静穆高华，古韵悠然。

天青大梅花杯

规格：容量 140ml，口径 9.4cm，高度 4.7cm
参考价格：1,000 元 / 对

问鼎汝瓷双耳缸杯

规格：容量 34ml，口径 5.5cm，高度 4cm
参考价格：1,200 元 / 只

天蓝开心对杯

规格：直径 9cm，高 3.7cm，重量 105g/ 只
材质：陶瓷、玛瑙
参考价格：800 元 / 对

问鼎汝瓷菊瓣杯

规格：容量 66ml，口径 7.6cm，高度 3.6cm
参考价格：800 元 / 对

问鼎汝瓷方圆杯

规格：容量 56ml，口径 5.5cm，高度 4.5cm
参考价格：800 元 / 对

问鼎汝瓷祥瑞杯

规格：容量 72ml，口径 7.6cm，高度 3.7cm

参考价格：800 元 / 对

问鼎汝瓷茗香杯

规格：容量 60ml，口径 8.8cm，高度 3.3cm

参考价格：800 元 / 对

问鼎汝瓷大五行杯

规格：容量 78ml，口径 8cm，高度 4cm

参考价格：800 元 / 对

问鼎汝瓷小五行杯

规格：容量 40ml，口径 6.5cm，高度 3.4cm

参考价格：800 元 / 对

天蓝玫瑰对杯

规格：直径 6.8cm，高 3.2cm，重量 63g/ 只

材质：陶瓷、玛瑙

参考价格：800 元 / 对

问鼎汝瓷紫金杯

规格：容量 24ml，口径 6.7cm，高度 3cm

参考价格：800 元 / 对

问鼎汝瓷银杏杯

规格：容量 40ml，口径 7cm，高度 4cm

参考价格：800 元 / 对

问鼎汝瓷梨瓣杯

规格：容量 60ml，口径 8cm，高度 6.5cm

参考价格：1,000 元 / 对

问鼎金钟盖杯

规格：容量 160ml，口径 7cm，高度 7cm

参考价格：1,200 元 / 组

问鼎牡丹茶盅

规格：容量 150ml，口径 7.5cm，高度 8cm

参考价格：800 元 / 只

问鼎汝瓷缸杯

规格：容量 34ml，口径 5.5cm，高度 4cm

参考价格：800 元 / 对

春山玉品

景德镇创意陶瓷坊

年代 2011 年
价位 中高端
特色 创意陶瓷
底款 春山玉品
官网 http://chunshanyupin.com

　　景德镇春山玉品陶瓷文化传播有限公司成长于闻名世界的千年景德镇，在致力于在景德镇传统制瓷的工艺基础上，加入现代的审美趣味和消费心理等元素，是一家集陶瓷设计、销售与文化传播于一体的专业公司。由年轻、专业、高效而极富创意的设计制作精英组成，着力于现代生活陶瓷设计，营建雅致人文家居，做可以用的艺术品。

　　"春山玉品"取自于王维诗句"人闲桂花落，夜静春山空"。其创意来源于对生活的观察，体验不同的真实需求，深入了解中国传统文化，在不断积累中，将经过吸收、沉淀的精髓释放至各样创意中。春山玉品将对传统文化的深刻理解，融注到每件作品的线条、质地、色泽之中，在温厚的手工艺传统中，每一道工序、每一个细节都分外讲究。不带任何夸张的元素，而是以一种"润物细无声"的温雅方式，使人文氛围自然面然地散发出来。这样的慢工细作方能够一点一滴地，将人文意韵浸润到每一件作品之中。春山玉品所有的设计，都从观察生活细节出发，因此作品在尺寸、形态及功能上，都能够切合当下的生活需求，且与当代风尚构成相呼应。

　　春山玉品的品牌理念即是时时关注生活，刻刻关心艺术，对陶艺产品的设计力求淡雅，经典与永恒。产品有茶器、花器、香器与食器，采用传统的全手制工艺，手工，手绘。通过对生活的观察，依靠体量、质感、触感等方式亲自体验不同的真实需求，积累、吸收、沉淀，从而凝聚为真实、易用且富有美感的现代生活器物。

白瓷茶具在中国唐代有"假玉器"之称，
不仅深受国人珍爱，更远销海外

汝窑月白金钟杯

规格：直径 7cm，高 4.5cm

材质：月白釉 + 紫金土

底款：春山玉品

参考价格：600 元／只

汝窑天青折腰杯

规格：直径 9cm，高 3.5cm

材质：天青釉 + 紫金土

底款：春山玉品

参考价格：600 元／只

老霁蓝心经杯

规格：直径 8.5cm，高 3.5cm

材质：老霁蓝釉 + 高白泥

底款：春山玉品

参考价格：500 元／只

汝窑月白水仙公道杯

规格：直径：8cm，高 8.5cm

材质：月的釉 + 紫金土

底款：春山玉品

参考价格：720 元／只

汝窑月白水杯

规格：直径 8.5cm，高 9cm

材质：月的釉 + 紫金土

底款：春山玉品

参考价格：600 元／只

青花禅诗杯

规格：直径 6cm，高 5.5cm

材质：青白釉＋高白泥

底款：春山玉品

参考价格：620 元／只

汝窑天青鸡心杯

规格：直径 8.2cm，高 4.8cm

材质：天青釉＋紫金土

底款：春山玉品

参考价格：600 元／只

六度心经杯

规格：直径 6.5cm，高 5.5cm

材质：青白釉＋高白泥

底款：春山玉品

参考价格：780 元／只

青白釉薄胎刻花杯

规格：直径 9cm，高 4cm

材质：青白釉＋高白泥

底款：春山玉品

参考价格：760 元／只

汝窑天青折腰杯

规格：直径 8.5cm，高 4.5cm

材质：天青釉＋紫金土

底款：春山玉品

参考价格：600 元／只

水墨杯

规格：直径 7.5cm，高 8.5cm

材质：羊脂釉＋高白泥

底款：春山玉品

参考价格：240 元／只

汝窑天青壶丞

规格：直径 18.5cm，高 3cm

材质：天青釉＋紫金土

底款：春山玉品

参考价格：1,460 元／只

汝窑天青盖碗

规格：直径 10.5cm，高 8.5cm

材质：天青釉＋紫金土

底款：春山玉品

参考价格：1,600 元／只

老霁蓝心经盖碗

规格：直径 9.2cm，高 9cm

材质：老霁蓝釉＋高白泥

底款：春山玉品

参考价格：1,560 元／只

紫金釉心经盖碗

规格：直径 9.2cm，高 9cm

材质：紫金＋高白泥

底款：春山玉品

参考价格：1,560 元／只

金刚黑釉瓷山子

规格：长 24cm，高 18cm

材质：金刚黑釉＋紫金土＋紫檀木

底款：彭前程

参考价格：6,000 元／只

汝窑天青高士茶叶罐

规格：直径 9cm，高 16.5cm

材质：天青釉＋紫金土＋酸枝木

底款：春山玉品

参考价格：1,250 元／只

汝窑天青食盒

规格：直径 18cm，高 8.5cm

材质：天青釉＋紫金土

底款：春山玉品

参考价格：1,600 元／只

汝窑天青枣型茶叶罐

规格：直径 8.5cm，高 9.5cm

材质：天青釉＋紫金土

底款：春山玉品

参考价格：960 元／只

汝窑天青罗汉钵水洗

规格：直径 14cm，高 8.5cm

材质：天青釉＋紫金土

底款：春山玉品

参考价格：1,600 元／只

金刚茶事

材质：金刚黑釉＋紫金土

底款：春山玉品

参考价格：6,000 元／只

诚德轩

景德镇创意陶瓷坊

年代 2003 年
创始 苏元阳
价位 中高端
特色 苏公窑
官网 www.jdzcdx.com

"诚德轩"品牌定位于纯手工茶具中的精品，全力追求产品艺术化的风格，由景德镇最优秀的工艺师一手打造。产品设计、器型花色坚持以市场为导向，以客户需求为己任，创造市场，引领消费。

"诚德轩"茶具端庄典雅，秘制的釉面细腻光滑、色泽莹润，由熟稔青花、粉彩、颜色釉、新彩、墨彩、五彩、雕刻等工艺的顶级画师精心创作。他们将彩绘完美地呈现于古典的器型之上，呈现出美轮美奂的艺术视觉效果，这些作品既是生活的实用品，又是工艺收藏品，是"艺术与生活"的完美融合，展现了景德镇博大精深的手工制瓷工艺和丰富的陶瓷底蕴。

诚德轩董事长苏元阳为北宋三苏的后裔、苏洵第三十四代世孙。景德镇瓷校毕业的他学以致用，创建了诚德轩，走上了传承发扬景德镇陶瓷文化之路。为将苏氏先辈精神内涵融于景德镇陶瓷文化之中，他以苏氏为名，注册了"苏公窑"。

"苏公窑"是诚德轩旗下顶级品牌，汇聚了诚德轩最顶尖的陶瓷工艺师，复活御窑制瓷工艺，精选最好的原料和配方，集景德镇瓷艺之大成，匠心独运，精益求精，将大气磅礴、高远豪迈与质朴清雅、空灵隽永之苏氏文风——融贯于陶瓷茶具中，是三苏文化与陶瓷艺术文化的完美结合，为人们奉献了充满文化气息的茶器。

"苏公窑"以体现三苏的人文精神，挖掘精湛陶瓷文化，复活御窑制瓷工艺为己任，汇集当今最好的原料和配方，凝聚了诚德轩管理团队的集体智慧，为人类奉献出充满文化气息的经典茶具。苏公窑系列产品将三苏文学与诚德轩精湛的制瓷工艺完美融合，既典雅华贵又意蕴隽永，不仅实用，更是值得珍藏的艺术精品。"苏公窑"系列每一款茶具均精心设计，限量生产，价格都在万元以上，并有巨大的升值空间。

茶漏 斗彩 艳菊生香

规格：高 6.8cm，直径 8.6cm

材质：斗彩

参考价格：2,100 元／只

莲韵生彩茶洗

规格：高 7.3cm，直径 17.6cm

材质：斗彩

参考价格：4,730 元／只

粉彩套杯佛光普照

规格：大号直径 9cm、高 9cm，小号直径 7.3 cm、
　　　高 7.6cm

材质：粉彩

参考价格：26,000 元／套组

粉彩隽逸雅风水洗

规格：直径 22 cm，高 7.5cm

材质：粉彩

参考价格：12,860 元／只

清明上河图套组

规格：单杯高 4.2cm，直径 7.4cm；盖碗高 8cm，直径 11cm

材质：青花

参考价格：368,000 元／只

粉彩单杯十八罗汉

规格：直径 9cm，高 9cm

材质：粉彩

参考价格：25,100 元 / 只

兰彩对杯百子图

规格：高 5.8cm，直径 8.6cm

材质：兰彩

参考价格：12,900 元 / 对

凤舞华年苏公窑盖碗

规格：高 7.8cm，直径 9.7cm

材质：粉彩

参考价格：30,800 元 / 只

金玉满堂套组

规格：盖碗高 7.8cm，直径 10cm；公道高 7.1cm，
　　　直径 7.6cm；单杯高 3.2cm，直 6.3cm

材质：五彩

参考价格：6,050 元 / 套

油红龙承天下壶承

规格：高 3.1cm，直径 17.5cm

材质：粉彩

参考价格：4,730 元 / 只

苏公窑手绘茶具彩凤高翔

规格：高 6.3cm，直径 10cm

材质：粉彩

参考价格：28,000 元 / 只

茶盏苏公窑青莲禅心

规格：高 11.6cm，直径 10.1cm

材质：青花

参考价格：28,000 元 / 只

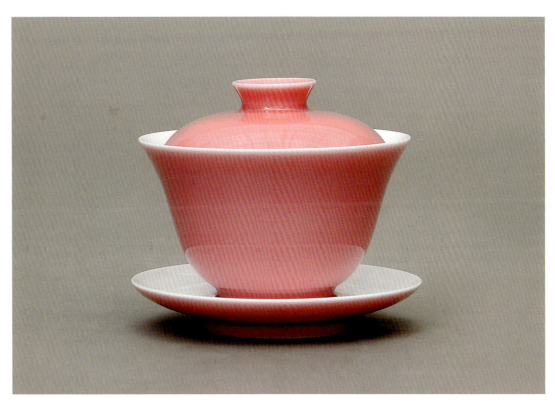

醉颜盖碗

规格：高 8.5cm，直径 9.2cm

材质：颜色釉

参考价格：368,000 元 / 只

贵和祥

与茶文化一起蜕变的茶具精品

成立 2001 年
价位 中高端
底款 贵和祥

　　过去，大多数人心中，茶具只是生活用品的一种，而在如今这个追求生活品质的年代，茶具早已超出了生活用品的范畴，而变成了一种艺术品。贵和祥之所以在茶文化中占有不败的一席之地，最为重要的原因就是其做的不仅是生活用品，更是打造工艺品，推广的是中国的瓷文化。

　　众多茶艺爱好者对于茶具情有独钟，在品茗之余总是热衷于收藏茶具。贵和祥茶具如今已因其制作精细、外形美观、工艺难度而成为众多茶艺爱好者的收藏重点。据了解，2004 年，众多收藏者购买一百元左右的茶杯，到 2009 年价格已经上千元。贵和祥如今主要致力于高端陶瓷茶具的手工制作，对每一件作品都精益求精，从釉水到画面都经过严格把关，所以，贵和祥的作品从整体来看都是陶瓷精品。在品茶爱好者与收藏爱好者心中，贵和祥已经被公认为高端品牌。

粉彩荷花茶具

荷花传统纹样之一，此作品荷花沿底部向上绘制，器身荷花明艳动人，荷叶飘逸不羁，意气风发，鸟儿自由自在，生动传神，茎与枝线条间富有层次感，纹理细腻，意境深远。器身留白处，突显其釉色，莹润透亮，古朴淡雅。"玉莲秋水，含风生香。"寓意吉祥，安康。

茶叶罐口径 8.6cm，高 9.4cm，足径 8.7cm

茶洗口径 7.2cm，高 4.2cm，足径 6cm

青花南瓜罐

此罐器型敛口圆腹，平底。盖面与近足处绘莲瓣纹；腹部以"南瓜"为主题纹饰，藤蔓缠绕，藤上硕果累累，有人才辈出、世代绵长之意，另青花发色妍翠，胎坚釉润，整体圆润丰满，疏密有致，符合佛家"以圆为善，以圆为范，以圆为美，以圆寓理"的人文道德思想。

底款：贵和祥制

规格：口径6.7cm，高11cm，足径5.7cm

青花莲福杯

规格：口径 7.4cm，高 7.5cm，底径 4.2cm

底款：贵和祥制

参考价格：1,580 元 / 只

青花龙水杯

规格：口径 8.5cm，高 11cm，底径 8.5cm

底款：贵和祥制

参考价格：1,350 元 / 只

青花羲之爱鹅杯

规格：口径 6.3cm，高 9.1cm，底径 5cm

底款：贵和祥制

参考价格：1,580 元 / 只

青花松鹤杯

规格：口径 5.4cm，高 8.8cm，底径 3cm

底款：京德珍藏

参考价格：755 元 / 只

青花花鸟杯

规格：口径 7.4cm，高 5.1cm，底径 3.7cm

底款：京德珍藏

参考价格：900 元 / 只

斗彩通景荷花杯

规格：口径 8.5cm，高 5.5cm，底径 3.3cm

底款：京德珍藏

参考价格：1,150 元 / 只

青花花蝶杯

规格：口径 6.5cm，高 4.5cm，底径 4.6cm
底款：贵和祥制
参考价格：450 元 / 只

青花云雾松树杯

规格：口径 6.2cm，高 7.6cm，底径 4.5 cm
底款：京德珍藏
参考价格：2,390 元 / 只

五彩松树茶叶罐

规格：口径 6.7cm，高 15.6cm，底径 6.7 cm
底款：京德珍藏
参考价格：4,255 元 / 只

青花缠枝四花罐

规格：口径 12.3cm，高 13.4cm，底径 11cm
底款：京德珍藏
参考价格：2,990 元 / 只

青花山水松树茶叶罐

规格：口径 6.7cm，高 15.6cm，底径 6.7cm
底款：京德珍藏
参考价格：2,150 元 / 只

斗彩福寿有余罐

规格：口径 10.3cm，高 19.5cm，底径 10.5cm
底款：贵和祥制
参考价格：2,900 元 / 只

青花岁寒三友盖碗

器型碗口形状叫"葵口"，为陶瓷碗、盘花口形式之一，始见于唐，流行于宋、明、清。形似秋葵花，而得名。

釉色透亮青翠，画面绘松竹梅，合称"岁寒三友"。古有"松竹梅，岁寒三友；桃李杏，春暖一家"之说。 松竹梅组合而成的岁寒三友图案是中国古代器物、衣物及建筑常用装饰题材。具有玉洁冰清、傲霜斗雪的高尚品格，同时常借以比喻忠贞的友谊，象征常青不老。

底款：京德珍藏

规格：口径 10.7cm，高 8.cm，足径 4.1cm

青花蝶恋花罐

规格：口径 14.9cm，高 13.5cm，底径 10cm
底款：贵和祥制
参考价格：1,480 元 / 只

青花缠枝莲花罐

规格：口径 9cm，高 10cm，底径 9.8cm
底款：贵和祥制
参考价格：1,100 元 / 只

青花连升三级罐

规格：口径 9cm，高 12.7cm，底径 12.3cm
底款：贵和祥制
参考价格：1,380 元 / 只

青花花鸟葫芦平口罐

规格：口径 10.5cm，高 13.5cm，底径 9.3cm
底款：贵和祥制
参考价格：1,850 元 / 只

古彩山茶春韵罐

规格：口径 7cm，高 10.9cm，底径 6.5cm
底款：京德珍藏
参考价格：1,355 元 / 只

青花团蝶茶洗

规格：口径 7.3cm，高 4.3cm，底径 5.8cm
底款：京德珍藏
参考价格：1,350 元 / 只

当代紫砂名家作品欣赏

鲍志强

字乐人，1946 年生于江苏宜兴蜀山，中国陶瓷艺术大师，中国工艺美术学会会员，中国工业设计协会会员，中国宜兴紫砂文化艺术研究会副会长，中国紫砂博物馆总工程师，宜兴方圆紫砂工艺有限公司总工程师，江苏省宜兴紫砂工艺厂总工程师。1959 年进宜兴紫砂工艺厂，先后师从谈尧坤、范泽林学习陶刻技艺。1962 年又转师老艺人吴云根门下学习制壶技艺。1965 年得著名陶刻家任淦庭先生教泽，从事陶刻创作。1975 年进修于中央工艺美术学院陶瓷艺术系，此后更倾力于紫砂艺术的创作研究。

鲍志强先生善设计制陶，尤擅长陶刻，对书法、绘画、篆刻、陶艺、紫砂史等均到研究。作品表现形式注重诗、书、画、刻融紫砂陶艺于一体，在紫砂艺林中独树一帜。他的壶艺创作构思独特，造型新颖，意境深远，书卷气息浓郁。其陶刻装饰从内容到形式造型水乳交融，刀法精致细腻。他曾数十余次获国内、国际金奖。作品被收藏于中南海紫光阁、北京故宫博物院、南京博物院等。

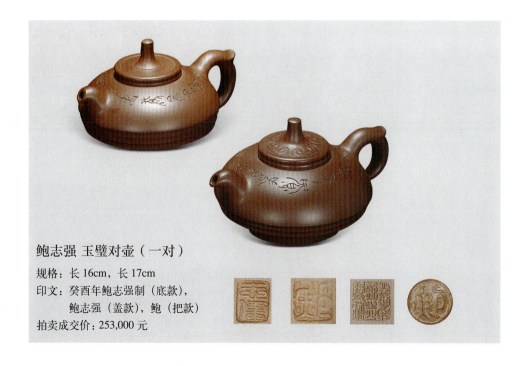

鲍志强 玉璧对壶（一对）
规格：长 16cm，长 17cm
印文：癸酉年鲍志强制（底款），
　　　鲍志强（盖款），鲍（把款）
拍卖成交价：253,000 元

鲍志强 莲子壶

规格：长 17.5cm

拍卖成交价：56,000 元

鲍志强 单串壶

规格：高 10cm

参考价格：20,000 ～ 40,000 元

鲍志强 福寿对壶（一对）

规格：高 15cm，长 21.5cm

高 9.5cm，长 18cm

拍卖成交价：145,600 元

施小马

　　1954 年生于江苏宜兴，高级工艺美术师，中国工艺美术学会会员，宜兴紫砂文化艺术研究专委会会员。1972 年进紫砂工艺厂。1994 年，作品《红与黑壶》获第五届全国陶瓷艺术创作评比一等奖。1997 年，作品《珏提壶》获江苏省陶瓷艺术创新展评一等奖。1998 年，作品《珏提壶》获江苏省工艺美术陶瓷新品评比一等奖；作品《扬帆壶》获全国陶瓷专业设计评比二等奖。1999 年，作品《垒壶》获江苏省工艺美术陶瓷新品评比二等奖。2000 年，作品《凌云壶》获首届杭州西博会银质奖，并荣获中国紫砂名人称号。2001 年，作品《垒壶》获杭州西博会银质奖。

施小马 黑三角壶
规格：长 16cm
拍卖成交价：253,000 元

施小马 龙头一捆竹壶

规格：长 20cm，容量 470ml
拍卖成交价：483,000 元

施小马 元宝壶

规格：长 11.8cm
拍卖成交价：5,600 元

施小马 提梁壶

规格：高 15cm
拍卖成交价：156,800 元

施小马 扬帆壶

规格：长 15.5cm
拍卖成交价：61,600 元

江建翔

1957年生于江苏宜兴，高级工艺美术师，中国工艺美术协会会员，宜兴紫砂文化艺术研究专委会会员。1976年进宜兴紫砂工艺厂，师承许承权学艺。1978年进厂研究所，师从汪寅仙大师学艺，悉心钻研紫砂传统技艺。1982年和1991年曾两次入中央工艺美术学院进修陶瓷造型设计。

经由不断的学习、研究，江建翔的创作逐渐形成意念新、变化大、内涵深、题材广等特点，尤以塑器见长，手法细腻，造型俊秀简洁，画面清新，点缀恰到好处。作品圆润中透着灵气，繁复中含着精炼，残缺中有着新的延伸，单一中却能让人无限回味。

江建翔 高节壶（3件套）
规格：长14.5cm，高15.5cm
拍卖成交价：690,000元

江建翔 圣桃壶
规格：长 17cm
拍卖成交价：179,200 元

江建翔 凛媚壶
规格：长 14.5cm，容量 350ml
拍卖成交价：402,500 元

江建翔 丰硕提梁壶

规格：高 19cm

拍卖成交价：224,000 元

季益顺

　　1960 年生于江苏宜兴陶瓷世家，江苏省工艺美术大师，中国工艺美术学会会员，宜兴紫砂文化艺术研究专委会常务会员，紫砂行业协会壶艺专委会副主任。1978 年进宜兴紫砂工艺厂，师从高丽君学艺，练就了全面而扎实的制壶基本功。1983 年，于中央工艺美术学院进修造型工艺。

　　在紫砂艺术的探索中，季益顺先生继承传统，勇于创新。在把握紫砂本质语言的同时，把绘画、浮雕与壶体有机结合，自然地形成了"画在壶上、壶在画中"的立体效果。而且他将紫砂艺术融于生活之中，创立了花素相融、赏用皆美、情趣灵动、风格独特的"季益顺壶艺流派"。并于 20 世纪 90 年代就被国内外收藏家赞誉为"壶界四小龙"之一，如今，已成为收藏界公认的紫砂艺术承前启后的扛鼎人物。作品曾多次在国际、国内权威性艺术展评中获金奖，有《紫气东来》被中南海紫光阁收藏。

季益顺 雪中情壶
规格：长 7.5cm
拍卖成交价：218,500 元

季益顺 紫气东来壶

规格：长 18cm

拍卖成交价：97,750 元

季益顺 楚汉风韵壶

规格：长 21cm，容量 700ml

拍卖成交价：552,000 元

季益顺 丰衣足食壶

规格：长 17cm

拍卖成交价：134,400 元

季益顺 秋鼠壶

规格：长 23cm，容量 1380ml

拍卖成交价：575,000 元

季益顺 玉兔提梁壶

规格：长 14cm

拍卖成交价：172,500 元

吴鸣

号怡陶，居怡陶园。现任中国宜兴紫砂博物馆设计中心主任。研究员级高级工艺美术师、中国美术家协会会员、中国工艺美术学会会员、中国工艺设计协会会员、中国陶瓷协会会员、中国古陶瓷研究会会员、江苏省工艺美术名人、陶瓷专委会副主任、高级职称评委、无锡城市职业技术学院客座教授、宜兴市政协常委、紫砂文化艺术研究会副秘书长、紫砂学科带头人。

发表作品百多件，论文数十篇。二十多次获省、国家级专业奖，连续3次入选日本美浓国际陶展，并获评委特别奖。多次应邀出国办展、讲学、出版个人专集。作品被多个文化机构及博物馆收藏。最早全方位进行现代紫砂创作研究。其创作融合传统、演绎现代、关注未来，自成风格，对现代紫砂创作有积极影响，被誉为"紫砂现代陶艺先河""新流派"。

"吴鸣陶艺展"展出了吴鸣在十多年来创制的百件全新的紫砂代表作品，此次展品题材广、形式新、手法多、技艺精、格调高、文气浓，具有独特的文化语境，被誉为紫砂"新流派"。而吴鸣编著的《吴鸣问陶》由四川人民美术出版社出版发行，图文并茂，汇集他多年来的自留作品，较完整地展现他的探索成果和深厚、全面的文化学养。

吴鸣 荷塘听雨壶
规格：高21.5cm，宽48cm，容量8400ml
拍卖成交价：483,000元

吴鸣 往事茶具

规格：长 14cm

拍卖成交价：253,000 元

吴鸣 竹林寻贤壶

规格：长 34cm，容量 2830ml

拍卖成交价：368,000 元

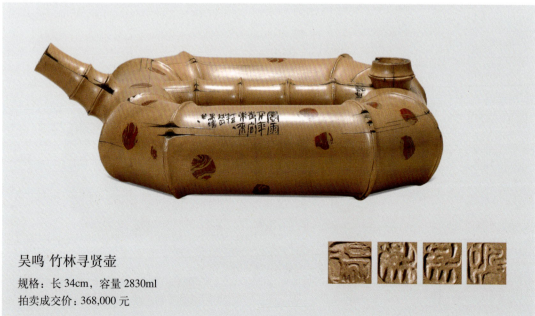

高振宇

1964 年生于江苏省宜兴市陶瓷世家。1982 年入宜兴紫砂工艺厂，师从顾景舟先生学习紫砂壶传统工艺。1989 年毕业于南京艺术学院工艺美术系，1990 年赴日本留学，考入东京武藏野美术大学工业工艺设计系陶瓷专业研究生院，1993 年毕业，获硕士学位。同年回国后进入中国艺术研究院建立陶瓷艺术研究室并筑窑于北京。现任中国艺术研究院陶艺中心副主任、研究员，鲁迅美术学院客座教授，日本东京武藏野美术大学客座教授。

高振宇先生的创作主张是将现代陶艺与人们生活相结合，作品以器皿陶艺为创作主题，他认为器皿中既可以容纳艺术创作的激情，同时还可以体现以人为本、爱护环境的现代理念，这种创作思想在我国陶艺界引起很大的反响，并已逐渐形成一种潮流。近年来他的创作受到国际国内的广泛关注，作品曾先后参加过二十余次国际国内展览。其中影青瓷水理纹系列、紫砂历史系列以及以青瓷、黑釉、彩绘所形成的纯、静、清、悟、稚 5 个系列作品取得了很大的成功。

高振宇　石瓢壶

规格：高 7.5cm
印鉴："高""振宇""高振宇制"
参考价格：250,000 ~ 350,000 元

高振宇 龙蛋壶

规格：长 12cm，容量 240ml

年代：20 世纪 90 年代

参考价格：20,000 ～ 30,000 元

高振宇 藤萝壶

容量：450ml

钤印：履古涉今（底款），振宇（盖款），高（把款）

参考价格：80,000 ～ 100,000 元

高振宇 山野之趣壶

容量：300ml

钤印：高振宇制（底款），振宇（把款）

参考价格：80,000 ～ 100,000 元

高振宇、徐徐合作 绿泥神钟壶

规格：长 14cm，高 8cm，容量 300ml

钤印：徐徐，小宇（盖款），徐徐（把款），高振宇（底款）

参考价格：160,000 ～ 180,000 元

高振宇 瑞兽壶

规格：长 16cm，高 9cm

年代：20 世纪 90 年代中期制

参考价格：280,000 ～ 350,000 元

高振宇 和平鸽壶

容量：520ml

年代：20 世纪 90 年代中期

参考价格：160,000 ～ 180,000 元

张正中

　　1964年生于江苏宜兴，毕业于江苏大学美术系，现为宜兴紫砂工艺厂研究所高级工艺美术师、中国美术家协会会员、中国工业设计协会会员、中国工艺美术学会会员、宜兴紫砂文化艺术研究会会员、清华大学美术学院陶瓷系校外辅导员。张正中先生的作品以其感性创造的风格在理性紫砂世界中独树一帜，并被誉为学院派传统融合的典范。2004年被评为"中国紫砂十二精英"，获"中国紫砂优秀青年陶艺家"称号，作品多次在国内外大展中获奖。

　　2001年，作品《海风组壶》获第三届"中国工艺美术大师精品博览会"银奖；2002年，作品《年轮》获第四届"中国工艺美术师精品博览会"金奖；同年，作品《海风》《星际》入选埃及"第六届开罗国际陶艺双年展"，《海风》被收藏于中国驻开罗大使馆；《束柴三友》《寿桃》被美国大都会博物馆与香港茶具博物馆收藏；《朽木可雕》被无锡博物馆收藏；2003年《天地》获"第二届全国陶艺展"金奖、《脱颖》获"第二届全国陶艺展"铜奖；2004年《天地》入选法国"中法文化年系列美术作品展·陶艺展"，并入选加拿大"中国现代陶艺展"；2004年《潺》入选第十届全国美术展。

张正中 夏风壶套组
规格：高 11.8cm
底款：夏风系列 正中手制
底印：张正中制
盖印：张
拍卖成交价：138,000 元

张正中　南瓜壶

规格：长 18cm

底款：正中制造

参考价格：120,000 ～ 180,000 元

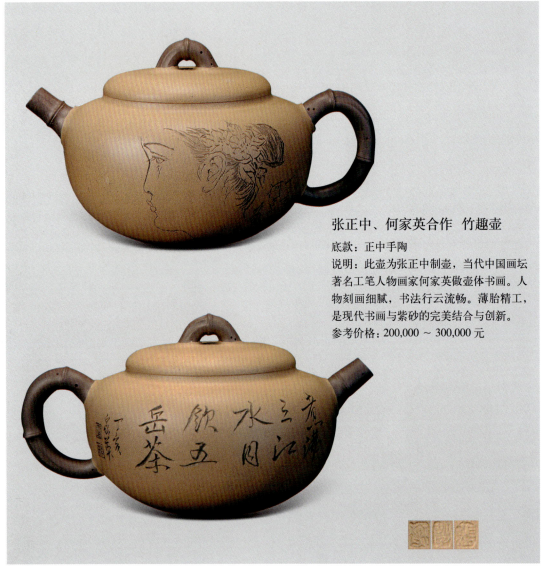

张正中、何家英合作　竹趣壶

底款：正中手陶

说明：此壶为张正中制壶，当代中国画坛著名工笔人物画家何家英做壶体书画。人物刻画细腻，书法行云流畅。薄胎精工，是现代书画与紫砂的完美结合与创新。

参考价格：200,000 ～ 300,000 元

朱晓东

　　1968 年生于陶艺世家，1984 年进紫砂工艺厂师从高级工艺美术师蒋彦。1988 年进紫砂工艺厂研究所。1993 年进入中央工艺美术学院研修。毕业作品《纯正》被中央美院收藏。创作的作品，简洁大方，古朴典雅，制作细腻，精雅怡人。作品被多家博物馆和收藏家收藏。现受聘于方圆堂茗壶制作中心。

朱晓东 葵仿古壶

规格：高 10cm，长 17cm

印鉴：朱氏晓东（底款），朱（盖款）

参考价格：50,000 ～ 60,000 元

朱晓东 四方菱花壶

容量：320ml

印鉴：朱氏晓东（底款），朱（盖款）

参考价格：40,000 ～ 50,000 元

朱晓东 曼生提梁壶

规格：高 16cm，长 14cm

印鉴：朱氏晓东（底款）；朱（盖款）

参考价格：50,000 ～ 60,000 元

何燕萍

1970年生，1985年进厂随父亲何道洪学习制壶技术，1998年进中央工艺美术学院深造。国家工艺美术师。因从小耳濡目染，灵巧聪慧，进步极快。其创作在造型风格上继承父亲的流派，造型讲究，且全器深圆凝重，力度感强，朴致大方，颇具神韵，俨然有其父之风，深受陶艺界好评。作品《晨瓢壶》在2000年第二届中国工艺美术优秀作品评选中获铜奖。

何燕萍、曹亚麟合作 玉趣壶

规格：高9.5cm

印鉴：亚麟燕萍合作（底款），亚麟、燕萍（盖款）；
　　　曹（把款）

参考价格：20,000 ~ 30,000 元

何燕萍 紫砂扁壶

规格：高6cm

参考价格：10,000 ~ 15,000 元

何燕萍 集韵壶

规格：长11cm，高10.5cm

泥料：上等原矿清水泥

参考价格：18,000 ~ 28,000 元

何燕萍 汉方壶

规格：8cm

印鉴：何燕萍（底款），燕萍（盖款）

参考价格：18,000 ~ 24,000 元

袁小强

1973 年生于江苏宜兴陶艺世家，1988 年进宜兴紫砂工艺厂拜高级工艺美术师丁亚平为师，1997 年进入中央工艺美术学院学习深造，并得到工艺美术大师徐汉堂指点。其创作的作品简洁大方、创意颇新，追求"形""神""气""韵"。作品曾多次获奖，深受紫砂收藏者的喜爱。现受聘于方圆堂茗壶制作中心。

袁小强 梅花周盘

规格：高 9.7cm

印鉴：袁小强壶（底款）

参考价格：26,000 ～ 36,000 元

袁小强 鸣远四方

规格：15.5cm

印鉴：袁小强壶（底款），袁（把款）

参考价格：50,000 ～ 80,000 元

袁小强 鱼化龙

容量：约 500ml

印鉴：袁小强壶（底款）

参考价格：60,000 ～ 80,000 元

袁小强 砂四方

容量：450ml

印鉴：袁小强壶（底款），袁（把款）

参考价格：50,000 ～ 60,000 元

台湾地区茶具

晓芳窑的茶具色泽柔和雅致，内外裂纹细致美观，具有北宋汝瓷的味道和底蕴

晓芳窑

中国历代官窑的再现

年代 1975 年　　　　　　　**创始** 蔡晓芳先生

价位 高端　　　　　　　　　**特色** 仿汝瓷

官网 http://www.hsiaofang.com/　　**底款** 晓芳

● 荣誉

　　英国前首相撒切尔夫人、新加坡前总理李光耀先生、美国老布什总统、前荷兰女皇赞叹不已。国画大师张大千特致亲笔书画，嘉许为当代名瓷。台北"故宫博物院"院长也委请晓芳窑研制送往参加国际展览的瓷器。

　　晓芳窑成立三十多年，蔡晓芳先生将中国古代釉药的秘诀不断拓展、发挥，从宋朝汝窑的温润，到元、明、清三代青花瓷的呈色及图案纹理，乃至清朝粉彩、斗彩的清亮、艳丽，以及孔雀蓝、娇黄、青瓷与各式单色釉瓷等中国官窑最引人入胜的特色，皆融入了晓芳窑瓷器中。

　　如今的晓芳窑创制了多种现代精品茶器，有饮杯、茶盘、盖碗、茶盅、杯托、茶壶、水方、茶罐等，样样俱全。并且将宋汝、三朝青花、粉彩运用于一个个精巧别致的茶器上，真可谓"昔日王孙堂前燕，飞入寻常百姓家"。晓芳窑茶具的市场价格目前处于中高端，备受青睐。原因在于其精细的工艺，不但用色精准、完美，作品线条圆融、比例完整，而且其高质量被一贯保持下来，基本上每一批出品都很精美，少有次品出现，次品在出炉后就被毁掉了。

　　按照工艺来看，晓芳窑茶具中，仿汝瓷器目前是最为成功的产品，其次应该是颜色釉，再次是青花、定白、钧瓷等。按照年份，晓芳窑产品可分为早期产品和近年新品。很多收藏者从历史角度出发，认为晓芳窑的早期产品应该出自于蔡晓芳先生亲手制作，所以价值自然要高，而近几年由于蔡先生年事已高，应该不再亲自下坊间制作，所以市场价格也相应要低一些。然而并不尽然，经过对比晓芳窑的仿汝茶具，目前的新品其实在一定程度上超过了早年产品。比如，新品晓芳窑仿汝茶具的色泽比早年产品更为柔和雅致，内外裂纹更为细致美观，手感更为滑润但却没有油腻感，特别是它的光泽更为内敛含蓄，色彩更为淡雅素净。不似早期的器物，由于颜色过于张扬而显得抢眼。

　　从另一个角度讲，伴随年龄、阅历的增长，蔡晓芳先生对于人生和艺术的理解也更为成熟和凝练，对于陶瓷艺术的领悟也更为透彻。对于雨过天晴、清静无为的人生境界，他在古稀之年或许有了新的看法。虽然他可能早已不下作坊亲自动手了，但是他却可以将人生的思考、艺术的理解，对于"雨过天晴云破处"的参悟灌输到他在北投窑厂的工艺之中，指导自己的儿女做好每个环节。因此，新品的晓芳窑器皿更具有历史上北宋汝瓷的味道和底蕴。

早期粉青开片菊泉杯

规格：杯口径约 7cm，容量约 200ml，杯托长约
    10.5cm，杯托宽约 8cm

参考价格：3,980 元 / 组

仿汝开片古月杯

规格：高约 4.3cm，杯口径约 6.2cm，容量约 200ml

参考价格：400 元以上 / 只

定白铁口沐月杯

规格：高约 5cm，杯口径约 5.6cm，容量约 200ml

参考价格：2,000 元 / 只

仿汝云耳杯

规格：口径 7.7cm，高 3.8cm，长约 9.2cm

参考价格：2,500 元 / 只

青花手绘牡丹大盖碗

规格：茶杯口径约 10.5cm，杯托口径约 10.7cm，盖碗整
    体高约 9.5cm

参考价格：9,999 元 / 组

黄釉菱边大盖碗

规格：盖碗整体高 9.2cm，碗高 6.2cm，碗口径 10.6cm，
    盖高 3cm，托高 2.8cm

参考价格：3,980 元 / 组

仿汝开片四方葵口杯

规格：口径 7.4cm，高 3.8cm，容量 200ml 以下
参考价格：9,999 元 / 只

定白葵口盏

规格：高约 3.8cm，口径约 8.5cm ，容量 200ml 以下
参考价格：9,999 元 / 只

仿汝菱花式杯

规格：高约 4.1cm，口径约 7cm
参考价格：2,450 元 / 只

天青不开片饮杯

规格：口径 6.1cm，高 5cm
参考价格：2,000 元 / 只

乳黄釉梅花杯（大）

规格：直径 7.8cm，高 6.5cm
参考价格：2,280 元 / 只

仿汝开片盖碗

规格：茶杯口径约 10.5cm，盖碗总高约 10cm

参考价格：9,000 元 / 组

仿汝开片秦权壶

规格：高约 13cm，最大肚径约 12cm

参考价格：13,980 元 / 只

仿汝临茎壶

规格：高约 7cm，长约 14.5cm，容量约 200ml

参考价格：9,999 元 / 只

仿汝兰亭壶（开片）

规格：高约 6.5cm，肚径约 8cm，容量约 120ml

参考价格：9,999 元 / 只

珠光青花侧把壶

规格：高约 8cm，全长约 16cm，宽约 11.5cm

参考价格：8,650 元 / 只

早期青花福云小梨壶

规格：壶深约 8.5cm，肚径约 10.5cm，口径约 4cm

参考价格：18,000 元 / 只

牙白蛋形茶具套组（壶、茶盅、矮杯）

规格：壶长 15cm，高 10cm，口径 0.7cm，底径 4.5cm，重 135g/ 只

茶盅长 9.2cm，高 8.5cm，口径 6.5cm，重 128g/ 只

茶杯直径 6.4cm，高 3cm，口径 6cm，重 35g/ 只

参考价格：23,600 元 / 套

早期碧青釉小茶罐

规格：高约 9cm，最大肚径约 10cm，口径约 5.5cm

参考价格：6,500 ～ 9,500 元 / 只

粉青大盖罐

规格：高约 11.3cm，最大肚径约 14.1cm，口径约 12.2cm

参考价格：14,300 元 / 只

早期郎红釉小茶仓

规格：高约 9cm，最大肚径约 10cm，盖径约 5cm
参考价格：6,500 ～ 9,500 元 / 只

粉青八方大茶罐

规格：高约 14cm，肚径约 10.2cm，口径约 6.5cm
参考价格：13,900 元 / 只

早期青花手绘婴戏小茶罐

规格：高约 9cm，最大肚径约 10cm，盖径约 5cm
参考价格：6,500 ～ 9,500 元 / 只

早期天青小茶罐

规格：高约 9cm，最大肚径约 10cm，盖径约 5.5cm
参考价格：6,500 ～ 9,500 元 / 只

粉青小月牙茶叶罐

规格：高 9.6cm，口径 6.5cm
参考价格：12,000 元 / 只

汝窑天青开片圆茶盅

参考价格：6,800 元 / 只

黄釉茶盏

规格：高约 6.8cm，口径约 7.1cm

参考价格：1,650 元 / 只

仿汝天青开片茶盅

参考价格：3,000 元 / 只

天青开片水方

规格：腹径约 14.5cm

参考价格：14,500 元 / 只

粉青开片水方

规格：高约 10cm，最大肚径约 16cm，口径约 9.5cm

参考价格：13,000 元 / 只

早期郎红釉水方（金笔签名）

规格：高约 6cm，口径约 16.5cm

参考价格：38,800 元 / 只

仿汝开片水方

规格：高约 10cm，最大肚径约 16cm，口径约 9.5cm

参考价格：9,850 元 / 只

手绘青花婴戏大盘+木架

规格：高约 3.5cm，口径约 23cm

参考价格：2,000 元 / 只

早期豆青壶承（金笔签名款）

参考价格：2,000 元 / 只

早期铁锈斑壶承

规格：高约 3.5cm，口径约 19cm

参考价格：12,500 元 / 只

柏采窑

台湾仿汝窑品牌

年代 2009 年		**创始** 何柏辉先生	
价位 中高端		**特色** 仿汝瓷	
官网 http://www.bocaiyao.com/		**底款** 柏采	

汝窑是我国宋代"汝、官、哥、钧、定"五大名窑之一，专为宫廷烧造御用瓷，即"汝官瓷"，市场和民间中流传甚少。南宋时有文献记载："汝窑……唯供御拣退方许出卖，近尤难及。"说明当时其身价已非同一般。其产品，首先最好者当然上供皇室，不合格者方许在市场出售，因此汝窑大部分产品是用来供奉朝廷使用的。宋、元、明、清以来，宫廷汝瓷用器，内库所藏，视若珍宝，与商彝周鼎比贵，民间也有"纵有家财万贯，不如汝瓷一片"的说法。据目前统计，汝窑器流传于世的不过 70 件。如今为了传承这项顶级工艺，市面上出现很多仿汝品牌，而柏采汝瓷即是市场和行业内认可度较高的台湾仿汝瓷品牌，具有传统汝瓷的特点，外表细润，手感滑腻，釉色光洁，具有很强的美感。价格适中，适合一般茶人使用。

柏采窑的每一款作品都承载着自己的思想，自然淡雅，含蓄质朴，没有绚丽的色彩，青如天，面如玉，恰到好处。观察其细细的纹理，能发现何柏辉先生对汝窑的理解，是由内而外的。柏采汝窑外形简约古朴、大巧不工，然而背后却包含着极其繁复的工艺成就，且成品率极低，上等品一窑难出几件，因此分外珍贵。

不仅如此，每一个柏采窑系列开始制作之前，何柏辉先生都要从不同的艺术作品、文学作品中激发创造灵感。他经常流连于台北"故宫博物院"，经过多年的学习与研究、创新与融合，其作品风格渐渐明朗，以简洁明快为主，造型颇有时代潮流感。何柏辉先生的作品绝大部分以单色釉来表现，重点在于器型领域的突破。如今结合景德镇高温釉的应用和一些传统技法的创新发展，柏采窑的风格已变得更为丰富。

台湾柏采汝窑虽然是年轻的品牌，但凭借十余年的积累，以其精湛的技艺、新颖的设计、一流的品质，创立短短几年内，便在陶艺界获得良好的口碑，尤其是茶具系列，很好地诠释了陶瓷艺术的生命张力，令人感动，让人爱不释手。

柏采汝窑星君壶外形简约古朴，颜色自然淡雅、含蓄质朴，工艺复杂，分外珍贵

幻影壶

参考价格: 2,000 元 / 只

玉葫芦

参考价格: 2,000 元 / 只

墨守壶

参考价格: 2,600 元 / 只

星君壶

参考价格: 2,000 元 / 只

玉葫芦

参考价格: 2,000 元 / 只

圆瓜壶

参考价格: 2,000 元 / 只

晨曦壶

参考价格：2,000 元 / 只

HR-111

参考价格：2,000 元 / 只

HR-112

参考价格：2,000 元 / 只

HR-106 圆金

参考价格：2,000 元 / 只

柏采汝窑茶盅

倾簌

参考价格：900 元 / 只

绿润

参考价格：900 元 / 只

梵予

参考价格：920 元 / 只

心蕊

参考价格：920 元 / 只

流云行水

参考价格：800 元 / 只

曲琴

参考价格：800 元 / 只

奇茗

参考价格：900 元 / 只

玲珑

参考价格：1,600 元 / 只

福意杯

参考价格：420 元 / 只

豆蔻杯

参考价格：420 元 / 只

百合杯

参考价格：420 元 / 只

广运杯

参考价格：340 元 / 只

绵意杯

参考价格：500 元 / 只

荷意杯

参考价格：379 元 / 只

蔡荣佑

生活陶艺术家

个人名片：

◎ 1944 年，生于台中县雾峰乡；

◎ 自 1977 年，连续 4 年，作品入选意大利国际现代陶艺展并获奖项；

◎ 1978 年，成立广达艺苑；

◎ 1979 年，在台北春之艺廊举办陶艺个展，一举轰动艺坛。此后陆续举行了 37 场个展及多场联展，奠定了他在陶艺界的地位；

◎ 1982 年，获全省美展永久免审查荣誉资格；

◎ 1983 年，因为在陶艺上的成就与贡献，荣获"台湾地区十大杰出青年"；

◎ 1989 年，获台湾"历史博物馆"颁赠荣誉金章；

◎ 1995 年，执教于台湾"朝阳科技大学"工设系。

蔡荣佑先生是现代陶艺在台湾发展的一个高峰，也是带动台湾陶艺蓬勃发展的第一人。他 1966 年拜胶彩画家候寿峰老师门下学习画画，其后师从邱焕堂老师学习做陶及烧窑技巧，并跟随林葆家老师学习调配釉药的基本理论。不同于传统陶艺的分工合作，他致力于创造自己独特的现代陶艺风格，从拉坯到烧窑均由一人完成，个人风格十分明显，作品遂不以窑来命名，而是刻以底款"荣祐"。

自 1977 年连续 4 年，蔡荣佑的作品入选意大利国际现代陶艺展并获奖项。1979 年，在台中文英馆举办了生平首次陶艺个展，特别是同年在台北春之艺廊举办的个展，一举轰动艺坛。不但观者如潮，而且作品被抢购一空，甚至订单不断。这极大地刺激了台湾陶艺家举行个展的意愿，点燃了台湾现代陶艺蓬勃发展的火炬，成为台湾陶艺界划时代的盛事。

从民间陶罐的基本造型出发，蔡荣佑先生捕捉庶民生活中素朴憨厚的精神实质，但不被传统器型、釉彩局限，反而赋予其更深沉的内涵与更精致的品质。作品质朴素雅，充满丰美内敛的人文气质，从器形到釉彩皆温润可喜，让人爱不释手。陶体深浅不一的斑点，增加了表面釉色的变化与趣味，正是这种趣味成就了蔡荣佑先生陶艺作品的独特风格。

1983 年，因为在陶艺上的成就与贡献，蔡荣佑荣获"台湾地区十大杰出青年"。后来又当选台湾省陶艺学会理事长，更是各大重要赛事的评审委员，但其创作热忱并不因诸多荣誉而有所减损。而是凭借旺盛的创作欲望陆续创作出《釉彩》《耿直》《求变》《方圆》《憨厚》《圆满》《惜福》等系列代表作品，深受陶艺界追捧。

双挂釉汝窑缸杯

底款：荣祐

参考价格：1,500 元 / 只

双挂釉汝窑缸杯(银沙滩）

底款：荣祐

参考价格：2,000 元 / 只

双挂釉汝窑缸杯

底款：荣祐

参考价格：1,500 元 / 只

双挂釉汝窑缸杯(金海藻）

底款：荣祐

参考价格：2,000 元 / 只

双挂釉开片杯（寒冰森林）

底款：荣祐

参考价格：1,800 元 / 只

双挂釉开片杯（冰雪世界）

底款：荣祐

参考价格：1,800 元 / 只

从明武宗正德年间以来紫砂开始制成壶，名家辈出，
艺术性和实用性完美结合令品茶者回味无穷

翁明川

竹刻艺术家

个人名片：

◎ 1943 年，生于福建金门；

◎ 1968 年，毕业于"中国文化大学"文学院美术系；

◎ 1973-2003 年任职"台湾电视公司"，多次获电视金钟奖优良美术指导；

◎ 举办多次展览：

　　1986 年，台湾手工艺台北展示中心"翁明川竹雕小品展"；

　　2007 年，台湾"历史博物馆""兴古为新"翁明川竹雕创作展；

　　2008 年，台中港区艺术中心翁明川竹雕展；

　　2010 年，台南文化中心"君子乐竹"个展；

　　2011 年，台北御林芯茶苑·赏茶则竹雕个展；

　　2012 年，台中市文化中心赏茶则竹雕个展。

◎ 作品曾被台湾"历史博物馆"及省立美术馆典藏。

　　翁明川先生是台湾著名的竹刻艺术家，因喝茶而刻竹，因刻竹而爱竹，大家都亲切地称他为竹翁。台湾盛产竹，与竹相关的多种文化创意产业亟待注入新的活力，翁明川身体力行，将泡茶辅助用的小器具，包括茶则、茶匙、茶屏以及文房四宝中的文镇、臂搁、余墨夹、砚屏等，结合竹雕艺术，重新展现现代竹刻工艺的精湛技艺与美感。

　　翁明川先生投入竹雕艺术将近 30 年，创作上坚持"与古为新"的态度，既有按照古法的严格选材和天然着色法，在设计方面又融入现代美学的理念，坚持极简的美学主张，以及作品的实用性，符合时代风潮，故而给人以一种别样的茶韵享受。

　　翁明川先生还是一位极重视创意的艺术家，在其创作上始终坚持有感而作，刻出来的作品必须令人心动。没有好的构思，不动刀。即使是从古典文物的造型中汲取精华，参考运用中国如意、玉佩、乐器、中国结等造型，他都强调只取其意而不求其形体俱似，希望能留给使用或玩赏的人无限想象。他以留青竹刻方式创作的茶则，留青与竹肌之间整齐有序地叠压错落，构成青白相间的繁密纹饰，时尚感十足；看似极简的茶匙，熏成红褐色的竹皮在正面适度保留，与周围包覆的竹肌紧密相合，这些无一不显现翁明川先生追求精致的艺术态度。

竹子

茶则：长 14.5cm，宽 3.6cm，厚 3.6cm

茶匙：长 20cm，宽 1cm，厚 0.9cm

茶镊：长 20.5cm，厚 1cm

材质：竹

参考价格：1,200 元 / 套

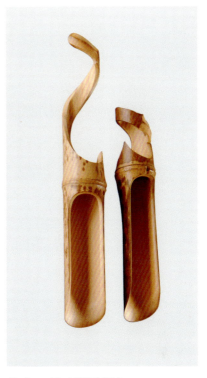

秋空一鹤（限量版）

茶则：长 15cm，宽 2cm

参考价格：1,800 元 / 套

和月（限量版）

茶则：长 16cm，宽 6cm

茶匙：长 18.5cm

茶针：长 17.5cm，宽 1.2cm

参考价格：3,200 元 / 套

孤云（限量版）

茶则：长 18.5cm，宽 6cm

茶匙：长 21cm，宽 1.5cm

茶针：长 18.5cm，宽 1.2cm

参考价格：2,680 元 / 套

江有庭

藏色天目第一人

个人名片：

◎ 1958 年，出生于台湾省嘉义县；

◎ 1980 年，毕业于台湾艺专美术科西画组；

◎ 1983 年，开始作陶，师承李保通拉坯师父、吴毓棠釉药教授；

◎ 1984 年起，专攻油滴天目；

◎ 1987-1989 年，受聘于日本东京担任陶艺教师，期间游历日本各地窑烧及
　　参访陶艺家；

◎ 1995 年，烧制出彩色天目，并命名为"藏色天目"；

◎ 1996 年，于台北县三芝乡成立圆山窑至今。

　　唐宋时期，江南首开饮茶之风，尤其宋人饮茶，以点茶法为主，十分注重
对茶色的要求。人们发现，建盏釉色黑如漆，莹润闪光，条纹细密，且胎土厚可
保温，使用建盏斗茶便于观汤色，看水痕，因此深受欢迎。后经留学中国天目山
的日本僧侣引进日本，他们把建盏及黑釉器称为"天目"，并融入其宗教、艺术、
哲学、礼仪，而成就日本文化上备受尊崇的茶道。今天"天目"已成为黑釉一类
陶瓷器的国际通用名词。

　　江有庭先生自 1984 年开始专攻天目茶碗，二十多年里，他反复在烧窑技巧
上推敲，心无旁骛，专心一致，从不知天目到烧出天目，从烧出天目到变化天
目，终在 1995 年做出古今中外未曾出现的彩色天目。

　　彩色天目是以单纯氧化铁，采挂单釉方式烧制而成，烧出的色彩包括红、
橙、黄、绿、蓝、靛、紫、金、银等，其色泽与纹样随着光线的强弱与映照的角
度而千变万化，有如来自苍穹的耀动藏在茶碗世界中，遂得"藏色天目"之名。

　　藏色天目是透过专心与敏感度来完成的纯粹质感艺术，其精神在于回归烧
的本质，以简单的工搭配单纯的形。因此，江有庭总是强调，在"釉色纯单挂、
器形止于圆"的天目茶碗里，他的作品必须是"不思不创意，唯事无心烧"，"我
不做天马行空的创意，只力求让最单纯的东西，有最完美的展现。"

江友庭藏色天目杯

参考价格：15,000 元 / 只

江友庭兔毫天目杯

参考价格：20,000 元 / 只

江友庭藏色天目杯

参考价格：15,000 元 / 只

江友庭藏色天目杯

参考价格：15,000 元 / 只

江友庭藏色天目杯

参考价格：18,000 元 / 只

江友庭蓝曜藏色天目茶杯

参考价格：18,000 元 / 只

江友庭藏色天目杯

参考价格：15,000 元 / 只

江友庭兔毫天目杯

参考价格：18,000 元 / 只

江友庭藏色天目杯

参考价格：15,000 元 / 只

江友庭兔毫天目杯

参考价格：18,000 元 / 只

江友庭藏色天目杯

参考价格：15,000 元 / 只

江友庭藏色天目杯

参考价格：15,000 元 / 只

江友庭藏色天目杯

参考价格：15,000 元 / 只

江友庭藏色天目杯

参考价格：8,000 元 / 只

江友庭紫烨藏色天目杯

参考价格：20,000 元 / 只

江友庭红炎藏色天目杯

参考价格：18,000 元 / 只

郭明庆

秘色天目大师

个人名片：

◎ 1951 年，生于台湾嘉义县；

◎ 1969 年，在出版社担任连环漫画绘图制作，出版约 50 册；

◎ 1978 年，开始从事仿古瓷制作、天目釉烧制；

◎ 作品获台中县立文化中心、台湾工艺研究所、台湾"历史博物馆"、台北
  县立莺歌陶瓷博物馆典藏。

郭明庆先生是台湾陶艺界的资深陶艺艺术家，他曾于 1997 年在不同的大型
陶艺竞赛中获奖，作品深受肯定。郭明庆早年即对绘画有浓厚兴趣，曾担任约
50 册连环漫画的绘图制作，之后辗转到陶艺界，深受釉彩的特殊质感所吸引，
创造了享誉于陶艺界的釉色山水。

古往今来，许多艺术家皆以山水作为创作题材。山水画的空灵、淡薄，会
给人一种心境上的遐思，使心灵得到净化。古人云："山欲高，尽出则不高，烟
霞锁其腰则高矣；十分之三在天地布置得宜，十分之七在云烟断锁。"一幅好的
山水构图，欠缺烟岚变幻，就丧失了那份空灵、舒展的感受，因此山水画之妙全
在烟云幻化中。而郭明庆则借助釉色特质将这份灵性淋漓尽致地展现了出来。

郭明庆先生所创作的釉色山水，是以氧化金属物，诸如氧化铁、氧化钛，
配合其他氧化矿物，以喷枪施釉，并以 1280℃的窑温烧制而成。其冷却后所析
出的纹理效果以及色彩非常符合山水情境的创作，峰峦重叠、雄浑壮丽、景境幽
深，恍若身临其境，令人流连忘返。其借助釉色特质所表现的山水创作，色彩也
较一般青花彩绘更显清丽典雅，颇值得典藏。

郭明庆先生精于创新，近年研发有成的"秘色天目"茶碗，其色彩缤纷，
绚丽夺目，尽显惊艳，可说是陶艺釉色史的新发现，增加了
品茗乐趣和视觉享受。而秘色天目经过长时间大火
的淬炼，产生的远红外线，增加了茶汤的清润爽
口，颇值得喜爱陶艺的收藏人士欣赏、典藏。

郭明庆釉色山水作品

青山叠翠

规格：45.5cm × 45.5cm × 4.5cm

年代：2008 年作

印象桂林系列之一

规格：39cm × 39cm × 25cm

年代：2007 年作

千山横黛色 数峰出云间

规格：36cm × 36cm × 49.5cm

年代：2008 年作

黄山印象系列之三

规格：44cm × 44cm × 33cm

年代：2006 年作

黄山印象系列之一

规格：46cm × 46cm × 53cm

年代：2006 年作

云峰远眺

规格：36cm × 36cm × 49.5cm

年代：2008 年作

秘色天目大茶碗

底款：郭明庆

参考价格：1,000 元 / 只

秘色天目大茶碗

底款：郭明庆

参考价格：1,000 元 / 只

蝉羽油滴天目大茶碗

底款：郭明庆

参考价格：1,000 元 / 只

油滴天目大茶碗

底款：郭明庆

参考价格：1,000 元 / 只

油滴天目大茶碗

底款：郭明庆

参考价格：1,000 元 / 只

油滴鹧鸪斑天目大茶碗

底款：郭明庆

参考价格：2,000 元 / 只

金油滴天目大茶碗

底款：郭明庆

参考价格：2,000 元 / 只

鹧鸪斑天目大茶碗

底款：郭明庆

参考价格：1,000 元 / 只

秘色天目大茶碗

底款：郭明庆

参考价格：1,000 元 / 只

秘色天目大茶碗

底款：郭明庆

参考价格：1,000 元 / 只

琥珀天目大茶碗

底款：郭明庆

参考价格：1,500 元 / 只

秘色天目大茶碗

底款：郭明庆

参考价格：1,000 元 / 只

陈九骆

志野陶艺术家

◎ 出生于 1953 年；

◎ 致力于研究志野釉和烧法。

　　志野陶是在日本桃山时代由美浓诸窑烧制的茶陶式样，距今已有四百多年历史。其最大的亮点是被称为"志野釉"的白釉，完全以长石为原料，温润如玉，呈现自然无华的冰裂纹理，釉面上随意地显现火色橘皮状的"棕眼"。志野陶呈现的是一种清淡朴素的禅境，包含着的是纯日本式的创意，清纯而温柔，与中国白瓷的孤高形成了鲜明对比。

　　陈九骆先生酷爱做陶，并把它当作一种修行的方式，借助志野陶温润的釉和奔放的形，透过一个个茶碗和茶杯，来观照自己的内心。他的作品，每一件都诉说着不同的心境。

　　陈九骆先生所做的志野陶不只以纯白为主，有些还白里透红，比如"樱瓣"系列，这是取自于苏曼殊的"袈裟点点疑樱瓣，半是脂痕半泪痕"，当时他生命困顿，千金散尽，感情非常浓烈，而樱瓣即代表着丰富的情感。还有温润莹白、雅致厚实的"江雪"系列则表达其自在安详的心境。

　　陈九骆先生坚持以古法烧制志野陶，所耗费的精力较大，因此在台湾志野陶制作圈内，其作品釉色的润度和火红色泽的饱和度水准极高。同时，他对自己追求极致的苛刻要求，使得每次出窑成品率极低，也因此每件皆是珍品，很受藏家追捧。

陈九骆作志野釉茶杯

规格：口径约 5.5cm，高约 4.4cm，容量约 40ml

参考价格：1,200 元 / 只

陈九骆作志野釉茶杯

规格：口径约 5.3cm，高约 4.1cm，容量约 40ml

参考价格：1,200 元 / 只

陈九骆作志野釉茶杯

规格：口径约 5.5cm，高约 4.2cm，容量约 40ml

参考价格：1,200 元 / 只

陈九骆作志野釉茶杯

规格：口径约 5.5cm，高约 4cm，容量约 40ml

参考价格：1,200 元 / 只

陈九骆作志野釉茶杯

规格：口径约 5.3cm，高约 5.1cm，容量约 40ml

参考价格：900 元 / 只

陈九骆作志野釉茶杯

规格：口径约 5.5cm，高约 4.1cm，容量约 40ml

参考价格：900 元 / 只

志野陶呈现的清淡朴素的禅境与中国白瓷的
孤高形成鲜明对比

邓丁寿

古逸壶创作者

个人名片：

◎ 1959 年生，台湾省嘉义县人；

◎ 1984 年，开始习陶，师从台湾壶艺大师陈景亮教授；

◎ 1991 年，打破了传统茶壶的壶嘴壶耳模式，独创底流式的新型陶艺壶
——古逸壶，被誉为台湾壶艺界的传奇人物，其作品也因设计上的独具
匠心获得台湾标准主管部门的专利权书；

◎ 2002 年，创鹿谷蝶窑；

◎ 2005 年，任台中市陶艺文化协会第三任理事长；

◎ 邓丁寿富有艺术天分，精于创新，继"古逸壶"之后，又推出芋叶流嘴
新概念壶、幽壶等壶器艺术，作品已有多把被台湾"历史博物馆"典藏；

◎ 不断引领台湾壶艺界走向创新之路的邓丁寿，近几年致力于台湾岩矿壶
的创作与研究，同样成为台湾第一人。

　　古逸壶是一种跳脱传统品茗壶形式的底流气密式茶壶，它的壶肩上既无流，
也无把，而是利用气流对流和物理学中的虹吸原理，将壶嘴设在壶底正中，与在
壶盖上设计的小气孔垂直贯穿。同时在壶身底部及专用壶底座的配合上，设计成
"气密座"，使壶身与底座粘合成绝对弥合密封状态，这样当壶中注满水时，茶水
就不会从壶底部（即新型壶嘴）渗漏。斟茶时，先用食指顶住壶盖上的通气孔，
移至茶杯上方，抬起手指，茶汤即从壶底注入杯中。手指抬放之间，出水即可受
到有效的控制，不致洒出杯外，而且也不用担心像传统茶壶那样因倾斜斟茶而导
致壶盖滑落。另外因壶身高度气密，而更加保持了茶的香味，使泡出的茶汤比传
统茗壶更香醇。

　　目前，邓丁寿先生创作的"古逸壶"，除了在功能设计上独辟蹊径之外，在
造型以及材质的运用上也日益精湛，千奇百怪、变化多端，可谓是壶趣茶韵，各
臻其妙，成为不可多得的工艺壶。

新概念黄泥茶壶、茶盅套组

茶壶：长 8.7cm，高 8.1cm，重量 125g
茶盅：长 8.7cm，高 6cm，重量 99g
材质：黄泥
参考价格：1,500 元 / 套

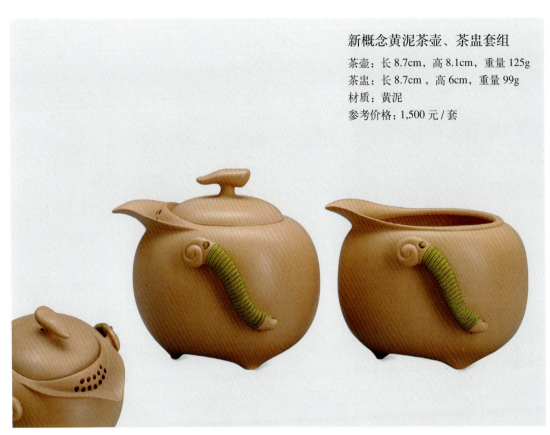

龙行天下石沙龙茶壶、茶盅套组

茶壶：长 13.6cm，高 12.5cm，重量 250g
茶盅：长 14cm，高 9.8cm，重量 210g
材质：石沙龙
参考价格：1,650 元 / 套

古逸壶

规格：直径 10.2cm，高 11.5cm，重量 294g

材质：紫砂

参考价格：4,600 元 / 组

古逸壶

规格：直径 8.8cm，高 13.2cm，重量 194g

材质：朱泥

参考价格：4,600 元 / 组

古逸壶

规格：直径 9.3cm，高 14cm，重量 274g

材质：紫砂

参考价格：5,800 元 / 组

风中骑士茶壶

规格：直径 11cm，高 10cm

材质：金砂

参考价格：1,500 元 / 只

卷云飞天茶壶

规格：直径 12.6cm，高 11.6cm，容量 180ml，
重量 170g

材质：墨泥

参考价格：1,360 元 / 只

卷云状高升的握把，是凝结空中的浪漫奇想。设计精准
的水流口，倾注茶汤时绝不回流，确保壶身不留水痕。

幽壶

规格：直径：11cm，高 7.8cm，容量 180ml，
重量 165g

材质：紫砂

参考价格：980 元 / 只

此壶设计改良自盖杯，在造型上保留盖杯口大、足织、
碗状开展的特性，让茶叶在壶内得到完全伸展；改良
的芋叶流壶嘴，让不熟悉盖杯泡茶的人也能轻松注汤；
首创多媒体运用，以陶完成茶壶主体后，在握持处环
镶藤片，加强隔热效果，并以结绳缠绕，除以实用机
能外，更添质感！

日瓷山水组 古逸壶、茶盅套组

壶：直径 10.7cm，高 7.2cm，重量 189g

茶盅：直径 10.3cm，高 10.1cm，重量 192g

材质：瓷

参考价格：4,480 元 / 套

此款邓丁寿古逸壶以岩矿炼制而成，其造型
如山间的亭院，壶口略弯处如亭角的两翼，
壶身绘以中国传统水墨画，显山露水间，透
着"野旷天低树，江清月近人"的意境。

战神 茶壶、茶盅套组

壶：直径 10.3cm，高 9.2cm，容量 300ml，重量 197g

茶盅：直径 9.5cm，高 8.3cm，容量 300ml，重量 175g

材质：紫砂

参考价格：1,380 元 / 套

许德家

汝瓷陶艺师

个人名片：

◎ 1959 年，出生于台北艋舺；

◎ 1985 年，习陶，师从台湾著名青瓷大师林葆家老师；

◎ 1997 年，成立许德家陶艺工作室；

◎ 1997 年，台湾陶艺展入选；

◎ 1999 年，加入北区陶艺教育推广联谊会；

◎ 1999 年，参加台北县陶艺展览会，获台北县奖；

◎ 2000 年，日本第 5 届亚洲工艺展入选；

　　以青瓷、青白瓷为主要创作特色的许德家先生，认为陶艺原本就是生活的一部分。因此他的创作大多以生活器皿为主，日常生活所用的茶具、碗盘、花器等等，在他的精心塑造下，皆成为动人的艺术品。许德家先生的生活美学理念，完美地落脚在器皿的外形与色泽表现上，如翠玉般清澈温润的青瓷，以莲花姿态绽放成壶、杯、盘、碗等等，既有相当质朴的器形外观，也有十分现代的功能。让艺术与生活息息相关，充分体现了许德家先生生活美学的概念。

　　许德家先生会以青瓷为主要创作特色，是因为"青瓷是仿玉，又很耐看，从古至今，不管是欧美或是日本一直很受欢迎"。因为喜欢青瓷的温润如玉，所以许德家对青瓷情有独钟，将创作主力朝向这方面发展，作品曾入选日本第 5 届亚洲工艺展。

　　不受传统拘束的许德家，近年来也不断摸索与尝试，陆续发展出"永裂釉""志野烧"等不同于青瓷的作品，尽管外观色彩都不相同，但是一致的色泽温润、造型古趣且相当实用的特色，都表达了他致力于生活艺术化的理念。

紫砂壶能发出茶之色、香、味，并且既不夺香，
又煮熟汤气。因而有"越宿不馊"的说法

许德家 天目彩釉碗

底款：家

产地：台湾

参考价格：150 元 / 只

许德家 手工汝窑茶盅

底款：家

产地：台湾

参考价格：150 元 / 只

许德家 汝窑天青釉小圆握杯

规格：容量 80ml，口径 7cm，高 4.5cm

底款：家

产地：台湾

参考价格：150 元 / 只

许德家 汝窑开片束腰杯（小品）

规格：容量 80ml，口径 7cm，高 4.5cm

底款：家

产地：台湾

参考价格：150 元 / 只

许德家 汝窑天青釉八方杯

规格：容量 70ml，口径 7.5cm，高 4.2cm

底款：家

产地：台湾

参考价格：150 元 / 只

许德家 汝窑天青釉普洱杯

规格：容量 60ml，口径 7.5cm，高 5cm

底款：家

产地：台湾

参考价格：150 元 / 只

许德家　仿汝窑葵口杯

规格：直径 7cm，高 5.5cm

参考价格：400 元 / 只

许德家　仿汝窑浮雕图案茶壶

规格：长 13.5cm，高 8.5cm

参考价格：800 元 / 只

许德家　汝窑天青釉茶壶、茶盅

底款：家

参考价格：1,200 元 / 套

许德家　汝窑天青釉茶罐

底款：家

参考价格：400 元 / 只

许德家　仿汝窑茶罐

规格：直径 10cm，高 8cm

参考价格：400 元 / 只

许德家　汝窑天青釉壶承

底款：家

参考价格：400 元 / 只

古川子

岩矿壶作家

个人名片：

◎ 1962 年生人；

◎ 1992 年，成立古川子陶艺工作室；

◎ 1994 年 7 月，举办"逸清·壶说八道联展"；

◎ 1994 年 11 月，参加由台湾"教育主管部门"举办的"台湾陶壶作家展"；

◎ 2001 年，参加莺歌陶瓷博物馆"台湾百壶展"；

◎ 2002 年，参加台北佛光美术馆"生活陶展"；

◎ 2006 年，台北 SOGO 古川子签名品茗会。

岩矿壶系采用天然岩矿结合陶土调配合成，材质类似麦饭石结构，运用多重石英、云母质土胎，经高温氧化、还原烧制，可谓是地壳脉动下的奇迹产物。胎体呈现"海绵质气孔"，可软化水质，泡出的茶汤更显甘醇甜美，茶韵也更醇厚，尤其适宜冲泡老茶、普洱茶、重焙火茶，及苦涩碳焙茶等，而这也是今人何以汲汲追求老壶的原因。

岩矿系列的作品，外表都有着千变万化的窑变拙趣，每把壶的材质中有多种自然元素，且成分及比重各不相同，使作品呈现出独特的自然绘色。如老土的土斑，在焠火高温下，产生原始、自然、粗矿的朴拙，并无一般宜兴壶或瓷土上釉后的光滑，整体造型呈现一种古拙美的喜悦，令人爱不释手。

水为茶之母，器为茶之父，要冲泡出一壶好茶，器皿的选择格外重要，既是尊重茶叶的天然个性，也为了能让不同发酵程度的茶，都能充分展现特色。古川子先生作为台湾著名的岩矿壶作家，其创制岩矿壶的理念，即是十分重视壶与茶的相互关系，懂得如何更好地表现茶的品质，并在器型上注重艺术美感，以利协调。他所创制的岩矿壶打破了中国传统造壶的框架，造型古朴精致，别树一帜。并在壶的结构上追求实用，泡茶时能更好地控制茶汤浸泡和出水的时间，以得到最佳的茶汤，可谓壶艺收藏之极品。

古川子　岩矿杯

底款：古川子

参考价格：4,300 元 / 只

古川子　岩矿杯

底款：古川子

参考价格：4,300 元 / 只

古川子　岩矿杯

底款：古川子

参考价格：4,300 元 / 只

古川子　岩矿杯

底款：古川子

参考价格：4,300 元 / 只

古川子　岩矿杯

底款：古川子

参考价格：4,300 元 / 只

古川子　侧把岩矿壶

规格：直径 13cm，高 11.5 cm

参考价格：4,300 元 / 只

陈明谦

汝瓷陶艺师

个人名片：

◎ 1962 年，生于台湾花莲；

◎ 1982 年，毕业于台湾文化大学化工系陶业组；

◎ 1993 年，台北县立文化中心个展；

◎ 1997 年，成立个人工作室；

◎ 1998 年，陶瓷金莺奖作品入选；

◎ 2001 年，陶华灼——缸盆联展；

◎ 2005 年，如生——茶碗联展。

  陈明谦为台湾陶艺大师，作品皆是纯手工拉胚，以冰裂釉的自然纹路来表现器物如玉的润透，并且以高难度的三次烧，来表现器型的完美，此工艺成品率极低，是非常难得的佳作！

  陈明谦老师致力于研究钧瓷铜红釉的烧制工艺。铜红釉是以含铜物质为着色剂，经还原焰烧成的红色釉。但自古以来，这种鲜艳红色烧成者极稀，为世所珍。理论上讲用适当的还原焰煅烧，可以得到美丽的红色，但只要略有偏失，还原不完全，或部分氧化，都可能造成发灰、发绿、发黑或烧失等现象。陈明谦先生创作的铜红釉作品，采用釉下彩烧制工艺，铜红釉在高温下，如同被热浪风吹，红若胭脂；手拉坯的轨道纹理清晰，铜红自然发散不挂底，玉石细润清透，令人爱不释手。

陈明谦 玉石青花冰裂圆杯

规格：口径 7.6cm，高 6cm，容量 90ml，重量 236g
参考价格：238 元 / 只

陈明谦 玉石冰裂西洋红圆杯

规格：口径 7cm，高 5.5cm，容量 90ml，底部直径 3.4cm，
　　　重量 203g
参考价格：199 元 / 只

陈明谦 玉石铜红釉杯

规格：口径 6.5cm，高 4.5cm，容量 50ml
底款：陈明谦
参考价格：200 元 / 只

陈明谦 玉石铜红釉水杯

规格：口径 8.5cm，高 9.5cm，容量 400ml
底款：陈明谦
参考价格：400 元 / 只

陈明谦 玉石冰裂铜红釉茶盅

规格：口径 8.3cm，高 8cm，容量 260ml，重量 372g
参考价格：880 元 / 只

陈明谦 玉石铜红釉丁把壶

规格：口径 6.6cm，高 10.9cm，长 18.9cm，容量 300ml，
　　　重量 475g
参考价格：1,800 元 / 只

苏保在

云白天青汝瓷大师

个人名片：

◎ 1968 年，出生于高雄；

◎ 1992 年，毕业于"中国文化大学"美术系；

◎ 1996 年，成立个人工作室；

◎ 2000-2011 年，举办多次陶艺个展和联展。

　　苏保在先生是台湾著名的陶艺大师，专长于青瓷研究，尤其专注汝窑及南宋官窑之研究。青瓷呈色多种，苏保在则醉心于北宋汝窑与南宋官窑，前者色泽天青、开片细致、后者釉厚泽润、紫口铁足。为了探求美的可能，他在创作中撷取两宋满釉支烧、薄胎厚釉的作法，并糅合现代造型精髓，努力呈现现代青瓷新生命，让青瓷成为一般民众都可以亲近的生活陶，而不再是遥不可及、高不可攀的贵族化艺术品。

　　青瓷是东方美学发展出来的独特的艺术人文、青瓷的含蓄美感，蕴含了中国人文内敛与神秘的气质。苏保在先生倾全力研究蕴含东方人文美学的青瓷艺术创作，较偏爱薄胎厚釉、造型典雅的古青瓷，且在创作中运用古青瓷雅意的元素，融于现代生活陶作之中。"青空不碍白云飘"表达了他对青瓷的理念与禅意。恋恋青瓷，釉色温润细腻，处处透露着内敛低调的美。

　　苏保在先生热爱青瓷创作，每件作品均以纯手工制作，量少质精，看似简单的作品背后实则是苏保在对于陶艺的坚持及努力。他近年作品在台湾主流展区、博物馆展出，得到陶艺界的肯定，并且在台湾地区及东南亚一带已成为收藏家收藏的珍品。

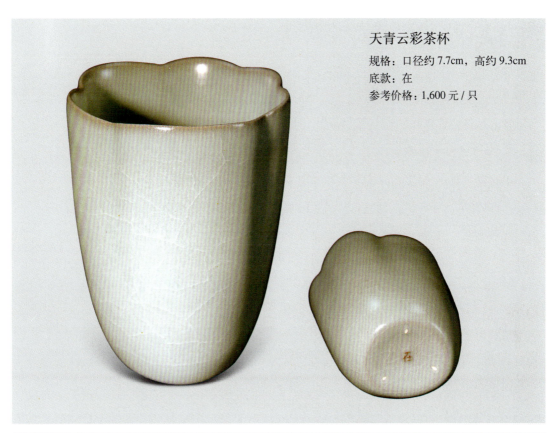

天青云彩茶杯

规格：口径约 7.7cm，高约 9.3cm

底款：在

参考价格：1,600 元 / 只

天青云彩茶杯

规格：口径约 10.5cm，高约 5.4cm

底款：在

参考价格：1,580 元 / 只

陈威恩

柴烧陶艺师

个人名片：

◎ 1965 年，生于台南；

◎ 1989 年，于台北成立圭窑陶艺工作室；

◎ 1995 年，有感于柴烧陶粗犷朴直的魅力，赴日本柴烧重镇——备前参观见学；

◎ 1999 年，成立圭窑柴烧陶艺学会并任会长；

  大约在汉代末期，釉药尚未发展成熟，陶器的釉彩装饰并没有太多的变化，有的甚至只有烧窑时所产生的落灰，随火流附着于器物表面，作为天然的装饰。之后，这种单纯朴直的陶器很快被炫丽夺目的釉药取而代之。然而这种烧陶技术却从中国传至日本，在日本得到了延续传承——不但继续保有其单纯朴直的一面，同时还发展出更多不一样的烧成效果。

  近年在台湾的陶艺界掀起一阵柴烧热，不少创作者放下釉药的研究，转而倾全力筑柴窑烧柴烧，不过早些年台湾很少有柴烧的相关资料，凡关于柴烧的数据和书籍都是来自于国外，尤以日本相关书籍为大宗，烧法则是以日本六大古窑当中的信乐与备前烧两大窑区的烧法为主要研究对象。若以柴烧效果的变化与多样性，备前烧是最具代表性。

  柴烧到底有何魅力，如此令众人爱不释手？火、土、人是主要构成要件，缺一不可。通过火所带来的落灰在作品上形成多样的色泽与效果，所以必须了解火的特性，懂得观火色、控火力、驭火流，如此才能掌控并加以运用火，使其达成烧结任务；柴烧作品因没有使用釉药，故而在烧结后土的肌理会特别突显出来，所以黏土的质感好坏会影响到作品整体的呈现；而"人"则是将"火"与"土"结合的重要核心，以"土"为画布、"火"为彩笔颜料，将两者巧妙运用，才能将柴烧陶的创作毫无保留地尽情发挥出来，使其成为一件朴直、原始粗犷、多变且独一无二的柴烧陶作品。

  近年来，陈威恩先生除沿袭备前烧的中心精神外，还秉持了自然朴实及无为的创作理念，从节能与可持续发展的角度出发，研创了以瓦斯取代木柴作燃料的"新彩烧"工艺。"过去每烧一窑就要耗费约 30 ~ 40 吨的木柴，而且非常耗时耗力，一次烧窑要持续 3~4 天都不能停。除了讲究燃烧木柴对作品落灰效果的影响，还要考虑燃料取之不易，在燃烧过程中排放的二氧化碳量也相当惊人。""新彩烧"会让陶品的烧结过程更易控制，在减少空气污染和保持传统柴烧作品质感的同时，降低了燃料成本，烧窑时间也缩短了一半以上，作品也会呈现出更多鲜艳丰富、令人惊喜的色泽。

陈威恩 柴烧壶（普洱茶专用壶）

规格：口径 4.5cm，高 8cm，长 14cm

参考价格：3,000 元 / 只

陈威恩 柴烧壶

规格：口径 4.5cm，高 6cm，长 12 cm

参考价格：3,000 元 / 只

陈威恩 柴烧壶（普洱茶专用壶）

规格：口径 4.5cm，高 8cm，长 13.5 cm

参考价格：3,000 元 / 只

陈威恩 柴烧壶（普洱茶专用壶）

规格：口径 4.5cm，高 6cm，长 10 cm

参考价格：3,000 元 / 只

陈威恩 柴烧茶叶罐

规格：高约 14.5cm，口径 7.5cm

参考价格：1,980 元 / 只

陈威恩 柴烧公道杯/茶海

底款：圭窑

参考价格：1,000 元 / 只

郑顺仁

和光天目大师

个人名片：

◎ 1972 年，生于台北市；

◎ 1989 年，毕业于协和工商美工科陶艺组；

◎ 1996-2001 年，任职蔡晓芳陶艺公司手拉坯师父；

◎ 2006 年，于台北县三芝乡筑"什一窑"；

◎ 曾举办多次联展和个展，并多次获奖；

◎ 郑顺仁先生曾师承李保通拉坯师父和刘玮仁老师习陶，师承吴毓棠教授和杨作中老师习釉。

宋时流行斗茶，对饮茶用的器具更加讲究。宋人衡量斗茶的效果，蔡襄《茶录》中说："视其面色鲜白，著盏无水痕为绝佳。"其时建盏釉色黑如漆，釉面纹理各异，有兔毫、鹧鸪、曜变等，茶汤入盏，放射出五彩纷呈的点点光辉，更添斗茶的情趣。后经留学中国天目山的几位日本和尚带回日本，从此命名为天目，深受日本人喜爱。

古代天目因其独特的釉质肌理，要靠釉的釉度和流动性，才能产生特有的质感。上釉时并不像其他釉一样上到底，比如釉里红、青花、白釉、铜红等名釉，几乎是由上到下整个包覆不露胎，而天目大部分是有露胎的。天目釉本身有一定的厚度，而且流动性比较大，碗内的部分容易种釉在底部，所以古代天目的圈足都修得比较浅，让碗底的厚度增加。如此当釉流入底部时，坯才不至于裂开。而制作青瓷的脚底圈足部分，修得就比较深，因为青瓷釉不大会流到底部，也就不会产生过大的应力让坯开裂。

台湾目前有许多天目陶创作者，作品无论造型、色彩和内涵皆相当出色。郑顺仁先生创作的天目遵循传统古法烧制，并加入自己的观感，陶胎，单挂釉，铁发色。器型传统经典，较为圆润；釉面呈现金色斑纹，层次丰富，色泽温润且变化多端。质感粗犷、浑厚内敛，是茶友玩家追求的极品茶具。

郑顺仁　和光天目大茶碗

规格：口径约 12cm，高约 5.6cm

参考价格：28,000 元 / 只

郑顺仁　和光天目大茶碗

规格：口径约 12cm，高约 5.6cm

参考价格：18,000 元 / 只

郑顺仁　和光天目小茶杯

规格：口径约 8cm，高约 3.6cm

参考价格：1,480 元 / 只

郑顺仁　和光天目小茶杯

规格：口径约 8cm，高约 3.6cm

参考价格：1,480 元 / 只

郑顺仁　和光天目小茶杯

规格：口径约 8cm，高约 3.6cm

比一般天目略小，非常适合个人随身杯。

参考价格：1,480 元 / 只

郑顺仁　鹧鸪斑油滴天目茶杯

规格：口径约 8cm，高约 3.6cm

参考价格：1,480 元 / 只

章格铭

创意陶器艺术家

个人名片：

◎ 1973 年生人；

◎ 1996 年，"中国文化大学"美术系毕业；

◎ 1998 年，于学长廖礼光工作室研习制陶；

◎ 1999-2006 年，开办多次个人展和联展；

◎ 2007 年，成立迷工造物工作室，作品落款就为"迷工"二字；

◎ 2008 年，获第一届台湾地区金壶奖银奖；

◎ 2009 年，获第二届台湾地区金壶奖铜奖；

　　章格铭先生作为新一代极富创意的年轻陶艺作家，其作品多使用复合媒材，以传统汝窑结合现代媒介，如竹木、不锈钢，手工精心制作，极具个人创作风格。他创作的内容多是生活中的家俱饰品，并且主张"功能跟造型美感一比一重要"，广受好评。

　　复合媒材作品的制作难度跟单一材质比较起来，差别在于需要面对的材质更多了，所以，对于每种材质的内在本质、外在形体，以及各自的制作工法都要有所琢磨，但是最大的难度是如何将它们有效地结合在一起，在造型、色泽、物理性及结合方式等的掌握上要具有相当的经验与敏感度，否则突兀的状况发生在同一件作品上时，会给人以画蛇添足的遗憾。

　　同时，章格铭善于利用原材质天然的特性与造型纹理为作品添加一些趣味性，他的作品中蕴含了许多创作上的细节，比如坯体的厚薄度、青瓷釉的色泽及开片的程度、铁锈斑点的布置，土料龟裂感的呈现等等，这些都给作品带来丰富的层次和美感。他创作的茶具，较中意瓷器上的铁锈斑。铁锈斑是在制作瓷器时由于釉里的铁、铜、钴等不同质料未经乳碾融合，分别各自涂抹于器身，使入窑烧后，经氧化而还原形成的。器物上的铁锈斑，最初是出自天然，可以说是一种瑕疵，之后却全属人为。其实在元代，我国工匠已经能人为控制铁锈斑的生成，且利用其浓淡变化、大小形状，妆点瓷器，那些看似破坏了瓷器完美形象的铁斑，犹如美人痣一般，做画龙点睛之笔，使器物不失板拙，反而有了活泼的显露。

　　章格铭先生的每件作品皆为纯手工制作，每件作品的成型都需要多次的烧窑试验，以及对复合材质的多次尝试，实属难得的精品。而且他非常重视物品的实用机能性，并认为"机能是凌驾于美感之上的"，这也正是他从单一陶土转向多媒材的原因。

茶具上的铁锈斑如点睛之笔，看似破坏了器物的完美形态，却使其更为鲜活

章格铭　手工汝瓷水杯

规格：直径 7.2cm，高 9.5cm，容量 200ml
参考价格：680 元 / 只

简单的设计，流畅的线条，将宋代温雅宁静的艺术风尚，注入了现代茶器的设计之中，使得"瓷魁"在千百年后得以继承和发扬。不再拘泥于古老的设计与釉色，自然清澈的天青色下零星分布的铁锈斑，如天空中闪烁的明星，富有趣味。

章格铭　手工汝瓷公道杯

规格：最大直径约 8.7cm，高约 8cm，容量约 180ml
参考价格：690 元 / 只

不同于其他公道杯的圆润饱满，章格铭所设计的公道杯，个性率直，外形简单，开阔的杯口设计，不仅方便持握，更有利于茶汤热量与香气的散发。微向上翘起的杯口给人感觉如凤鸣于九天，出汤利落流畅，水柱如缎带般柔和，茶汤落于杯中激不起一丝水花。

章格铭　手工汝瓷茶荷

规格：直径 9.5cm，高 3.6cm，容量 40ml
参考价格：420 元 / 只

台湾著名陶艺家章格铭设计，表面二次烧制形成独特铁锈斑，茶荷的投茶口，曲线造型极为考究，如行云流水一般自然，弧度弯折优美动人。

章格铭　手工汝瓷品茗杯

规格：最大直径约 8cm，高约 4cm，容量约 60ml
参考价格：280 元 / 只

此款章格铭的汝瓷杯沿袭了汝窑所独有的自然天青色，釉面颜色淡雅有光泽；杯口开阔，对茶汤热量与香气的散发十分有利，并将茶汤颜色映衬得分外清亮怡人。

章格铭　手工汝窑闻香杯组

品茗杯直径 6.5cm，高 3cm，容量 25ml ；闻香杯直径 5.5cm，高 3.5cm，容量 25ml

参考价格：560 元 / 组

此款章格铭的闻香杯不拘泥于传统的柱形设计，取而代之以谷仓形，蕴含着五谷丰登、财源广进的美好祝福。将宋代汝窑温雅宁静的艺术风尚，注入了现代茶器的时尚设计，使得"瓷魁"在千百年后得以继承和发扬。

章格铭　汝瓷正把中圆壶

规格：最大直径约 8.3cm ，高约 10.5cm ，容量约 180ml

参考价格：3,600 元 / 只

章格铭　汝瓷正把美人壶

规格：最大直径约 7.6cm，高约 8.4cm，容量约 100ml

参考价格：3,300 元 / 只

章格铭　汝瓷壶

规格：直径约 7.3cm，高约 30cm，容量约 190ml

参考价格：3,600 元 / 只

章格铭　手工汝瓷糖罐

规格：最大直径约 6.4cm，高约 6.7cm

参考价格：1,980 元 / 只

章格铭　手工汝瓷提梁壶

规格：最大直径约 11.8cm，高约 20cm，容量约 590ml
参考价格：6,500 元 / 只

此款汝瓷提梁壶，周身皆为弧形曲线构成，曲线圆润流畅；铜制把手独有的做旧质感，复古却不乏现代气息，与整体的风格极为统一；把手与壶身共同构成一个"8"字，也可理解为"无限"，禅意十足。汝窑独特的温润质感、自然的天青色、表面分布着如蝉翼般斜开片纹理，为这把壶增添了一份优雅、一份尊贵。

章格铭　汝瓷半斤听瓜仓

规格：最大直径约 13cm，高约 15cm，容量约 800ml
参考价格：2,300 元 / 只

龙柏木握把通过不锈钢材质与汝瓷相结合，正是最容易看出设计师做工和用心的地方，木质细腻，纹理清晰，颜色天然原始，与汝窑的天青色相互呼应，质感非凡，在汝窑中本就难得。更值得一提的是罐口处特别设计了一圈软木垫，很好地隔绝了空气并防止盖子滑脱，手提时也不担心会掉落破碎。

章格铭　手工汝瓷茶叶罐

规格：直径 7.8cm ，高 13cm ，容量 350ml
参考价格：2,000 元 / 只

汝窑的茶叶罐不仅瓷质细腻光泽，色泽自然清雅，罐口处特别设计有一圈软木垫，密封性能好，适合存放各种茶叶，使您的茶叶存放更加持久不易变味。使用时以茶勺取之投入壶中，不仅优雅专业，更是从冲泡之初便营造了悬念和惊喜。

章格铭　手工汝瓷茶叶罐

规格：直径 8.2cm，高 8.8cm

参考价格：1,500 元 / 只

章格铭　龙柏木制普洱茶针

规格：长约 14cm，直径约 2.1cm

参考价格：1,000 元 / 只

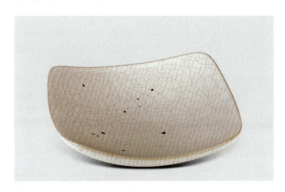

章格铭　汝瓷开片随形盘

规格：长约 33cm，宽约 29cm，高约 7cm

参考价格：2,680 ~ 2,800 元 / 只

此款随形盘不仅外观非常漂亮，而且它细腻温润的瓷质、古典的天青色，能很好地装点您的生活。不论是放在颇具现代气息的起居室中起到收纳作用，或是应用于台式干泡法中，都可完美地融入其中，是一款居家良器、品茶上品。

章格铭　手工汝瓷盖置

规格：直径 6cm，高 2cm

参考价格：500 元 / 只

简单的圆柱形设计配以汝窑的天青色，在冲泡时可将盖子置于盖置平面，平整安全，给盖子一个专属的位置，集美观与实用于一身的盖置，令您的饮茶生活更加精致完美。

章格铭　手工汝瓷茶盛

规格：最大直径约 18.5cm，高约 4cm

参考价格：2,600 元

细腻温润的瓷质，古典的天青色，此款汝窑的茶盛不仅保留了古式汝窑的优点，更点缀一点颇具现代感的金属，不锈钢材质的壶置，复合材质的应用手法，灵活地展现在茶具造型上，是章格铭"迷工造物"系列作品的新设计美学。

江玗

柴烧陶艺师

个人名片：

◎ 1974 年，生于台北；

◎ 1999 年，建北海柴烧；

◎ 2003 年，成立淡水柴烧——法窑工作室；

◎ 2000-2012 年，举办多次陶艺个展和联展。

　　江玗先生自 1998 年开始陶艺生涯，因喜爱陶土朴实温厚的质感而全心投注钻研，其后接触柴烧，并震撼于火的能量而潜心研究柴烧技法，致力在土与火的艺术中找寻柴烧作品的别致风貌。先生将柴烧过程当成内在的修为，通过柴烧作品朴拙沉静的质感，呈现回归自然的禅风意境，让创作者与观赏者皆能从中获得心灵的沉淀与宁静，因此其工作室名为"妙法柴烧——法窑"。

　　法窑的作品于造型、肌理、内涵上刻画至深，带有一种原始的自然美感，不论是花器或实用茶器都充满旺盛的生机与原始的粗犷。青瓷作品，不论是器型的线条还是所呈现的釉色，皆有一种温柔淡雅的感觉，深受消费者的喜爱。至于用柴窑烧制的天目，我们看到的不是华丽炫目，而是一种纯净朴实，古意盎然。

　　然而不论是柴烧天目或青瓷，江玗先生皆用心地找到茶具最佳的使用性，他发现釉药的调配、胎土的厚薄，及烧窑的方法等等都会影响到茶汤的质感，甚至透析出，用不同杯型的茶杯喝茶，都会影响到品茶者的心理。于是，在茶具的创作上，不仅注重釉的呈现变化，茶汤的浑厚与层次更是他所追求的。正是因为这份用心，他曾多次被陶艺杂志专题报道，藏家更是遍及中国、日本、韩国，以及东南亚、欧美等地区。

江玗 天目茶盏
规格：口径约 9.6cm，高度 4.2cm
身款：玗
参考价格：2,000 元 / 只

江玗 天目茶盏
规格：口径约 9cm，高度 4.7cm
身款：玗
参考价格：1,360 元 / 只

江玗 天目茶盏
规格：口径约 12.1cm，高度 5.5cm
身款：玗
参考价格：6,000 元 / 只

江玗 天目茶罐
规格：口径约 8cm，高度 9.3cm
身款：玗
参考价格：3,800 元 / 只

江玗 天目茶罐
规格：口径约 8cm，高度 10cm
身款：玗
参考价格：4,000 元 / 只

江玗 天目茶罐
规格：口径约 7cm，高度 10.3cm
身款：玗
参考价格：800 元 / 只

刘钦莹

景德镇的台湾"瓷疯"

个人名片：

◎ 来自台湾高雄，1998 年来到景德镇

◎ 晓芳窑七个创始人之一

在名流云集的景德镇，来自台湾高雄的刘钦莹算得上一介隐者。专心问茶、制瓷，被朋友戏称为"瓷痴"的他，过着自己平静而丰盛的"瓷艺人生"。

"瓷器是泥土的蝶"。刘钦莹这些年的主业是利用瓷泥自身特征烧制仿汝窑茶具。之所以专注于茶具，是因为他认为"茶具"是一种有感情的物件，并且他同时也是一个"茶痴"。每年都会跑去云南深山采茶、做茶的刘钦莹，最不能忍受的就是"不懂喝茶却做茶具的人"。他认为，烧制茶具必须要领会茶的本意，每一种茶有它自己的风格，一定有适合且仅适合它的一款茶具。

在你来我往的瓷器商人将景德镇变得像个"名利场"，而刘钦莹却还是那个不爱搭理陌生人的"瓷痴"，在工作室里静静地研究着瓷泥，喝着茶做着茶具。

台湾刘钦莹早期铁胎杯

规格：口径 7.5cm，高 4.2cm，底足 3.8cm

材质：陶瓷

底款：天予

参考价格：3,200 元 / 只

台湾刘钦莹早期祭红杯

规格：口径 7.5cm，高 4.2cm，底足 3.8cm

材质：陶瓷

底款：天予

参考价格：5,200 元 / 只

台湾刘钦莹早期铁胎斗笠杯

规格：口径 8.5cm，高 3.5cm，底足 3cm

材质：陶瓷

底款：天予

参考价格：3,200 元 / 只

台湾刘钦莹早期手绘青花杯

规格：口径 7.4cm，高 5.4cm，底足 3cm

材质：陶瓷

底款：天予

参考价格：3,200 元 / 只

台湾刘钦莹早期铁胎杯

规格：口径 7.5cm，高 4.5cm，底足 3cm

材质：陶瓷

底款：天予

参考价格：3,200 元 / 只

台湾刘钦莹早期汝窑杯

规格：口径 7.5cm，高 4.7cm，底足 3cm

材质：陶瓷

底款：天予

参考价格：3,200 元 / 只

台湾刘钦莹早期手绘青花杯

规格：口径 7.5cm，高 3.5cm，底足 3.5cm

底款：天予

参考价格：3,200 元 / 只

台湾刘钦莹早期薄胎杯

规格：口径 8.5cm，高 3.7cm，底足 2.5cm

底款：天予

参考价格：1,200 元 / 只

台湾刘钦莹早期薄胎杯

规格：口径 7.7cm，高 4cm，底足 2.7cm

底款：天予

参考价格：1,200 元 / 只

台湾刘钦莹早期白瓷杯

规格：口径 7.6cm，高 3.7cm，底足 3.5cm

底款：天予

参考价格：1,400 元 / 只

台湾刘钦莹铁胎手绘青花杯

规格：口径 7.6cm，高 4.6cm，底足 2.8cm

材质：陶瓷

底款：天予

参考价格：3,800 元 / 只

台湾刘钦莹早期铁胎公道杯

规格：口径 6cm，高 7cm，底足 4.5cm，容量 240ml

材质：陶瓷

底款：天予

参考价格：3,400 元 / 只

台湾刘钦莹早期手绘青花壶

规格：口径 4.2cm，高 8cm，底足 4.3cm，容量 240ml

材质：陶瓷

底款：天予

参考价格：5,200 元 / 只

台湾刘钦莹早期公道杯

规格：口径 6cm，高 6.5cm，底足 6.5cm，容量 240ml

材质：陶瓷

底款：天予

参考价格：3,400 元 / 只

台湾刘钦莹早期手绘青茶茶叶罐

规格：口径 6cm，高 10.5cm，底足 4cm，容量 250ml

材质：陶瓷

底款：天予

参考价格：4,500 元 / 只

自慢堂

玻璃、粉彩茶具品牌

年代 1992 年

创始 边正

价位 中高端

特色 超硬手工玻璃茶具和陶瓷茶具

底款 自慢堂

　　台湾自慢堂茶器品牌的前身是台湾养心堂，1987 年由边正先生创立，1992 年开始进行茶器具的设计、开发，产品不仅美观更重实用，旗下的"草堂"系列超硬手工玻璃茶具和"养心堂"系列陶瓷茶具在中国大陆、东南亚颇负盛名。为了进一步开拓中国大陆市场，边正先生于 2012 年初在北京注册"自慢堂"商标，目前正在将原先使用的"草堂""养心堂"品牌产品纳入"自慢堂"品牌轨道。

　　自慢堂作为台湾地区知名的茶具品牌，其经营的超硬手工玻璃茶器系列，使用纯手工高温吹制，硬度极高，不易破损，耐用度绝佳。质感晶莹剔透的玻璃材质，能直接透视冲泡过程，欣赏茶叶的舒展，观察汤色，增加了泡茶的乐趣，又可精确掌握出汤时间，而且玻璃无毛细孔的特性不会夺取茶汤的味道。另外，自慢堂的玻璃不挂茶水，容易清洗，不留茶垢和余味，可谓永保如新。

　　同时，粉彩陶瓷器具的制作也寻求至臻完美，采用手拉坯的工艺制作，胎体很薄，手感轻盈，用粉彩中的釉中彩技艺烧制而成。釉中彩就是用不含铅的颜料，按照釉上彩方法，手绘花卉图案，把彩添加在已经施好白釉的瓷杯表面，用 1200℃左右的高温烧制。在高温窑内烧制时，颜料不断融入到瓷杯表面的白色釉料中，不断调整烧窑的火温，逐渐冷却窑温，釉料凝结过程中，颜色也逐渐吃入到杯中，美丽的颜色即呈现出来。釉中彩技艺兼具釉上彩的工艺，颜色却在釉底下，有釉下彩的安全性，手感光滑、细腻晶莹、滋润悦目，且抗腐蚀、耐磨损。

　　自慢堂经营茶具 20 年，执著于茶器和五感的真实交流，处处彰显品质的追求和创意，各种玻璃茶器皆是手工成型，工艺精湛，造型精美，手绘粉彩图案精致细腻，写意唯美，为夏天的茶席注入了一抹清新雅致，增添视觉的清凉感，令人心旷神怡。

自慢堂的粉彩陶瓷器具手绘图案写意唯美，令人心旷神怡

自慢堂精品粉彩大茶杯

规格：直径 7.9cm，高 4.7cm，容量 130ml

参考价格：280 元 / 只

自慢堂精品粉彩小圆满杯

规格：直径 6.8cm，高 3.4cm，容量 30ml

参考价格：200 元 / 只

自慢堂精品粉彩圆满大盖碗

规格：直径 11cm，高 9.3cm，容量 150ml

参考价格：798 元 / 组

自慢堂精品粉彩缸碗

规格：直径 6.5cm，高 3.2cm，容量 40ml

参考价格：200 元 / 只

自慢堂精品粉彩小盖碗

规格：直径 6.9cm，高 6.4cm，容量 50ml

参考价格：600 元 / 组

自慢堂精品粉彩恒元壶

规格：直径 8.5cm，高 8.6cm，容量 240ml

参考价格：1,180 元 / 只

自慢堂精品粉彩蛋形壶

规格：直径 11.4cm，高 9cm，容量 150ml

参考价格：780 元 / 只

自慢堂精品粉彩高盖置

规格：直径 5.8cm，高 4.7cm

参考价格：380 元 / 只

自慢堂精品粉彩茶仓

规格：直径 8.7cm，高 10.4cm

参考价格：680 元 / 只

自慢堂精品粉彩圆杯托

规格：直径 9.7cm ，高 1.5cm

参考价格：280 元 / 只

自慢堂精品粉彩底托

规格：小号直径 8cm，大号直径 9cm

参考价格：498 元 / 只

龙圣华苑

台湾名家手工茶具

年代 2003 年

价位 中高端

特色 名家手工彩绘茶具

　　龙圣华苑陶瓷茶具，精选优质陶土、拉胚、1230℃以上高温窑烧品质掌控，创作过程全部出自于设计师们们对艺术的坚持；更不辞繁琐地自己调配釉彩，完全手工彩绘，一点一画，勾勒出独一无二的陶瓷茶具精品。

　　原来做陶瓷的很少有人在喝茶、会喝茶、懂喝茶，但陶瓷茶具的产量却很大，这样的茶具可想而知不是为了喝茶而设计、制作的，纯粹是为了商业用途，而龙圣华苑陶瓷茶具是真正为喝茶而造，由于深刻知道瓷之美在于简单的造型与釉色，不需要太多的装饰。因此，在这一方面，龙圣华苑的茶具设计师们言顾其行，潜心做茶盏，并倡言：杯为茶而生。不造作、不矫饰、不炫奇、不浅薄，是为高明境界。

李达鹧鸪斑建盏

规格：口径 12cm，高 6.4cm，底足 4.4cm

材质：陶瓷

底款：达

参考价格：72,000 元 / 只

台湾邵椋扬红网天目杯

规格：口径 8.7cm，高 5.5cm，底径 4.7cm
材质：陶瓷
底款：邵椋扬
参考价格：24,000 元 / 只

台湾朱坤培飞红采晶杯

规格：口径 8cm，高 6cm，底径 4cm
材质：陶瓷
底款：坤培
参考价格：3,000 元 / 只

台湾邵椋扬带帽釉杯

规格：口径 10.2cm，高 6.3cm，底径 3.7cm
材质：陶瓷
底款：邵椋扬 癸巳
参考价格：17,000 元 / 只

台湾三古默农诗文杯

规格：容量 300ml，口径 8.5cm，高 9cm，底径 4.5cm
材质：岩矿
底款：三古默农
参考价格：12,000 元 / 只

台湾洪琦轩柴烧天目杯

规格：口径 8cm，高度 4.7cm，底足直径 2.5cm
材质：陶瓷
底款：东盛窑
参考价格：2,500 元 / 只

台湾邱藏亿天目杯

规格：口径 8cm，高 4.4cm，底足 2.8cm
材质：陶瓷
底款：藏亿
参考价格：4,800 元 / 只

台湾洪琦轩青瓷冰裂杯

规格：口径 6.8cm，高度 5.4cm，底足直径 2.8cm

材质：陶瓷

底款：祈轩窑

参考价格：2,000 元 / 只

台湾陈志强柴烧杯

规格：口径 7.5cm，高 5.7cm，底径 3.8cm

材质：陶瓷

底款：强

参考价格：2,200 元 / 只

台湾古川子岩矿杯

规格：口径 8.5cm，高 6.7cm，底径 4.5cm

材质：岩矿

底款：川子

参考价格：18,000 元 / 只

台湾洪锦凤岩矿公道杯

规格：高 8.3cm，容量 240ml

材质：岩矿

底款：锦凤

参考价格：9,500 元 / 只

景德镇藏蕴甜白釉鸡心杯

规格：口径 6.2cm，高 4.2cm，底径 2.2cm

材质：陶瓷

底款：藏蕴

参考价格：200 元 / 只

景德镇藏蕴甜白釉杯

规格：口径 6.4cm，高 5.1cm，底径 2.4cm

材质：陶瓷

底款：藏蕴

参考价格：260 元 / 只

藏蕴龙泉青瓷米黄釉杯

规格：口径 7cm，高 3.3cm，底径 3.2cm
材质：陶瓷
底款：藏蕴
参考价格：500 元 / 只

李达鹧鸪斑建盏

规格：口径 12cm，高 6.4cm，底径 4.4cm
材质：陶瓷
底款：达
参考价格：72,000 元 / 只

台湾江玗汝窑壶

规格：容量 200ml，口径 4.2cm，高 7.8cm，壶身直径 8.2cm
材质：陶瓷
底款：法
参考价格：3,200 元 / 只

台湾洪锦凤岩矿壶

规格：口径 6cm，高 11.5cm，壶嘴到把长度 15.5cm，
　　　底径 6cm，容量 300ml
材质：岩矿
底款：锦凤
参考价格：28,000 元 / 只

台湾李仁嵋柴烧侧把壶

规格：口径 3.5cm，壶身直径 6.5cm，高 9cm，容量 120ml
材质：陶瓷
底款：仁嵋
参考价格：4,875 元 / 只

台湾藏瓅玻璃壶

规格：口径 6cm，高 20cm，容量 800ml
材质：高硼硅
底款：藏瓅
参考价格：4,800 元 / 只

日本茶具篇

继承和吸收中国唐宋饮茶文化的日本茶道自形成四百多年以来，日本茶人始终以尊重自然、尊重万物的精神细心观察生活，虚心对待身边的器物，精心提炼创造出千姿百态的茶道具，成为日本艺术品的代表，在世界艺术史上大放异彩。

发展至今，日本茶道具可谓形而典雅古朴却不失细腻精致，神而和静清寂却不乏悠然之气，尽显『寓意于形』的日本茶道传统。

今日所见的老铁壶绝大多数均有不同程度的铁锈。藏者若欲恢复其往日的丰采与实用性，清洁与整理是绝对必要的

日本铁壶名家

中华茶国，青瓷紫砂，已臻化境，唯有煮水壶一具，向称平平。而日本茶道文化以铸铁壶为基，可谓弥补了中国茶具之不足。铁壶煮水沸点高，镇日恒温，可软化水质，提升口感。加之制作工艺的精湛，如今收藏已颇成气候。

铁壶始于江户时代，天明期（18世纪80年代）文献中已有铁瓶之称。铁壶的产地最有名的是京都三条釜座、山形铸物、长滨的晴寿堂、京都的龙文堂与南部铁器。对茶道造诣颇深的南部藩主重直公，因自己的领地内产出良质的铁，于1659年聘请京都的小泉仁左卫门清行来制造茶釜，此可说是南部铁器的起源。南部铁瓶的历史长达四百多年，期间经历了日本的战乱及经济复兴。大环境的起伏间接影响了南部铁瓶的兴衰成败，但无论是鼎盛还是败落，铃木盛久工坊、铃木主善堂、御釜屋、小泉仁左卫门等有着悠久制铁历史的工坊，始终坚持古法手工制作茶道具。

一只铁壶的制作，视其器型大小、纹饰繁复程度不同，往往需耗时短则几周、长则几月。工艺师为此要付出的不仅是大量的体力与精力，还有漫长的等待。尤其是提梁的制作，还需另由专门工匠打造，提梁的形状、纹饰及与壶身的匹配程度，皆需思量一番，极其考验功力。

用铁制成的茶道具是经久耐用的器物，它代表了日本古朴的艺术风格。工匠们在黝黑的器身上铸造出细腻的纹样，无论繁复纤巧，都不减其敦厚。而在人们日常的烹煮使用和摩挲把玩中，器物的表面愈加润泽，剥去坚硬冰冷的外壳，成为岁月的一种沉淀。

藏六

　　初代藏六，出生于日本山城云烟，为秦藏六家族第一代皇家御用工艺大师、日本幕府时代末和明治时期著名的金工师，曾铸造江户时代孝明天皇的御用印章和十五代幕府将军德川庆喜征夷大将军黄金印，被尊崇为日本金工界首屈一指的传统工艺大师。之后其子孙代代相传以"藏六"为名，继承传统的器物铸造技术。四世秦藏六（1898-1984年），曾任京都金属工艺协会会长。

　　从幕府末期初代藏六至六代藏六，传承将近200年的传统铸造工艺，延续中国青铜器的图腾风格，家族世代所制铜器、茶道具乃至花器、文房四宝、香道用具为世人所追捧推崇。

四世藏六　富士形玉霰汤沸

规格：长 20.5cm，高 15cm，重量 565.4g

底款：四世藏六

品鉴：此壶为四世藏六（1898-1984年）所制，观此壶，壶身玉霰珠粒疏密有致，提梁、流口线条极富韵律感，展现了大师高超的工艺与艺术涵养。

参考价格：70,000 ～ 120,000 元 / 只

四世藏六　盉龟首式汤沸

规格：长 16cm，高 17.5cm，重量 454.9g

底款：四世藏六

品鉴：此壶为四世藏六（1898-1984年）所制，壶身通体泛古朴沉静的浅紫色，水平槌打纹理细腻有致，圆环做摘简单大方，提梁半裹精编竹藤古朴雅致，龟首更显匠心独具。

参考价格：80,000 ～ 140,000 元 / 只

秦藏六　悦兔翡翠摘汤沸

规格：长 18.2cm，高 22.6cm，重量 808.1g

底款：秦藏六制

品鉴：此壶通体光亮如镜，造型饱满敦实，笔触栩栩如生。壶身刻翻卷浪纹，浪纹之上忽现奔腾之悦兔，欲闯仙境；翡翠玉环摘钮，灵气逼人；提梁半裹竹藤，素雅古朴。如此浑然天成之作，实为难得真品。

参考价格：70,000 ～ 120,000 元 / 只

初代石黑光南造 雾霰纹 银壶、银急须、银茶托套组

　　此组茶道具为昭和时期日本传统工艺大师石黑光南先生之作，光南大师以享誉国际的"玉霰"技法被称为日本"人间国宝"。

　　"玉霰"亦称"霰打"，是日本传统锻造工艺中最难的技法，利用凹钉和凸钉从内侧往外侧，从纵、横、斜不同角度一个一个敲打出珠粒状的工艺。一件"玉霰"工艺品的珠粒数量至少有3000粒，多的则达7000粒，大小变化有5至6种。石黑光南现身是当代为数不多的传统锻造工艺大师，作品风格主要以"玉霰"为主，近年来较多制作纯金茶道具。

久进造　纯银　玉霰汤沸

　　此壶为昭和时期传统工艺大师久进作，是一把观赏老银壶。壶身玉霰珠粒在层层大小变化中呈现绝妙的视觉效果。壶盖之上轻盈承托七宝透雕摘钮，小小的空间千变万化，十分写意。提梁环付之处为皇室十六瓣八重菊纹图案，精美考究，细节之处立显高超技艺。观此壶，形制饱满，沧桑微紫的壶身色尤显端庄，实为藏家必得之珍品。

龙文堂

日本铁壶最早可追溯至江户时代（1603-1867年），明治时期（1868-1912年）进入辉煌时期，龙文堂是当时铁壶制作的最高代表，初代四方龙文发明脱蜡法精铸铁壶，二代安之助在京都创立龙文堂，六代安之介为铁壶制作大家，作品至今不朽，为日本民间和国家博物馆所收藏。

龙文堂在日本铁壶锻造拥有十分悠久的历史，出品为铁壶之质量保证，每款壶的用料、构图都十分讲究，集工艺性、实用性与艺术性于一体，具有相当收藏价值。

龙文堂名人 安之介造
明治时期 桶型铁壶

龙文堂造 大正时期
银镶嵌 虫草图铁壶

龙文堂名人 安之介造
明治时期 古铜镜盖
宝袋型铁壶

龙文堂造　明治时期　饕餮纹铁壶

龙文堂名人 安之介造 明治时期
金银镶嵌 银手柄 日丸型铁壶

龟文堂

　　龟文堂是由铸金师波多野正平（1812-1892年）创立，师从龙文堂第二代四方安平，学习蜡铸法。由于龟文堂一直以来坚持蜡铸法制作工艺，一个蜡模只能创作一把铁壶，因此在当时极受茶人推崇。时至今日，因饮茶而带动的铁壶收藏，让龟文堂的历代作品受到珍视已近千金难买之境，而随之大量仿品已然应运而生。

　　目前所见龟文堂正品，年代分布约从江户晚期到昭和初期，以蜡铸法为主要制作方式，所生产的铁壶壶身上有"龟文造""龟文堂造"或"日本龟文"的落款，但也有一些初期作品，壶身上未见落款，只在壶盖内签下其堂号名。日本铁壶文献中针对较明显的各项特征将龟文系统分成三大区域，从江户晚期到明治晚期的初期正平系统、明治晚期到大正晚期的中期波千鸟系统，以及大正晚期到昭和中期的后期龟文系统。

　　江户晚期的波多野正平，其作品没有制式的风格，而是有着浓郁的手作感与创作元素。这时的身款多用直式或横式的"龟文造""龟文堂造"等纯手工印记，最早的底章用印乃为"正平之印"四方章，后有"龟文之印"四方章。然而这两枚章款的作品是极少见的，所见作品也较无系统性，应属于最早期的创作摸索期作品。而后"家拙日本琵琶湖之东"九字章出现之后，作品风格过渡到具有一定制式风格的名家作品。

　　日本明治时期较尊崇匠师，龟文堂在此时期亦有三名釜师从事铁瓶等金属工艺的制作。梅泉作品风格鲜明，壶身以扁圆体为多，纹样以山水为主。代表性身款为"日本梅泉"方章或"银秀堂"造方章，个人用印底款为"日本琵琶湖东北幡住"九字大章；光重作品较少，所见水平均属高端，壶身风格素雅简约，器身以饱满浑圆见长，铜件工艺细致，铜盖较一般制品为薄。代表性身款为"日本光重"，个人用底款为"家拙日本江洲旭在里"九字大章；淡海秀光作品极为稀少，风格细腻，代表性身款为"淡海秀光"，印款目前资料仅见沿用"家拙日本琵琶湖之东"大章，尚未发现代表个人的底款。

　　中期波千鸟系统的龟文堂作品较单一化，目前资料只有两种主要壶型，一为最广为人知的波千鸟，另一则为壶身汉字兰花。这一时期作品虽然同构型很高，但其实每一把波千鸟的容量、大小和布局都是不相同的，其原因在于波千鸟属于龟文堂路线所坚持的腊铸法，每一把壶的纹样皆是全手工完成。

　　后期的龟文系统因节省制作成本而背弃龟文堂始创的精工理念，到了末期甚有使用坊间一般铜盖组件的状态。

龟文堂　明治时期 波千鸟铁壶

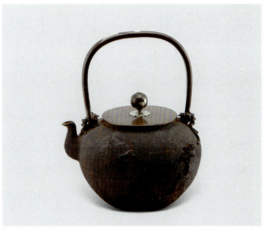

龟文堂　铃木光重造 明治时期 山水图纹铁壶

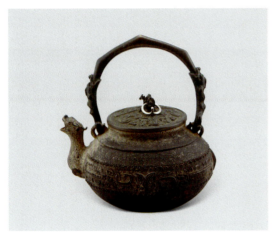

龟文堂　梅泉造　明治时期 饕餮纹兽口铁壶

龟文堂　梅泉造 明治时期 月下松山图铁瓶

龟文堂　明治时期 兰花戏蟹图铁瓶

龟文堂　明治时期 梅泉系 银秀堂造 山居图铁瓶

大西清右卫门

千家十职御用釜师

　　大西清右卫门为千家十职御用釜师。所谓"釜"，指用来烧水的铁壶，而"釜师"，即指制作此类铁壶的工匠。大西家自从日本室町时代（1338-1573年）后期便开始制作茶釜，从初代的大西净林（1594-1682年）传承至今已有16代，拥有四百多年的历史。大西家的作品有着典型的大西风格，只做传统器型，型至简，而韵极高，这也是大西家能入选千家十职御釜师的重要原因。

　　第十六代当家清右卫门出生于1961年，毕业于大阪艺术大学美术学部雕金科。其父隐居之后，于1993年正式更名为第十六代清右卫门。致力于芦屋釜（位于福冈县远贺郡、远贺川河口的芦屋町所生产的壶，是镰仓·室町时代风靡一时的茶道用名壶，相传是最古老的茶釜）的金属组织、成本、技法等研究。最擅长便是在质地均匀的壶身上施以纤细的图案，且至今仍不时创造出艳惊四座的作品。曾经参展纽约的"The New Way of Tea"，亦得过京都市艺术新人赏、京都府文化赏奖励赏。并在京都成立了大西清右卫门美术馆，藏有珍贵的历代大西作品以及其他名家的一些茶釜作品，并且会定期举办一些传统文化讲座，包括一些中国传统文化，比如中国水墨画文化讲座等等。第十六代清右卫门在传承传统的茶釜技术和创造出新的茶釜艺术上不遗余力，其作品从茶釜到花器、火筷子、釜刨等，琳琅满目，应有尽有。

十一代大西净寿　霰铫形铁壶

规格：高 24cm，腹径 16cm，容量 1450ml

参考价格：55,000 元 / 只

十三代大西净长　达摩形铁壶

规格：高 19cm，腹径 15cm，口径 8.3cm，容量 1300ml

参考价格：80,000 元 / 只

大西清右卫门　宝珠形铁瓶

规格：高约 20cm，口径约 8cm

参考价格：60,000 元 / 只

九代大西清右卫门　铜盖 铁瓶

规格：高约 21.5cm，口径约 10cm

参考价格：15,800 元 / 只

铃木盛久工房

日本人间国宝制铁大家

铃木盛久工房位于日本岩手县盛冈市，距今已有四百多年历史，一直致力于打造首屈一指的铁器制品。

宽永二年（1625年），铃木家始祖铃木缝被藩主招为御用釜师，专门铸造佛具、楼钟、灯笼等作品。到第三代喜兵卫家久时代，南部藩开始流行茶道，铃木也转而从事茶道具的相关制作。从最早为藩主铸造佛具、楼钟等御用铁器，到后世制作的茶道具汤釜铁瓶等，铃木家始终秉承铸铁工艺的传统，多达五十多道的铁瓶制作工序，全由一人完成，每次开模也只生产3~4只铁瓶，如此坚持，才是品质的最终保证。

昭和四十九年(1974年)，十三代盛久铃木繁吉被认定为人间国宝。

铁器的制造要花费相当大的气力，历代都是男性掌握这门技艺。如今，熊谷志衣子作为铃木盛久工坊的首位女性继承者，成为了第十五代传人。与一贯的男性制釜师相比，熊谷志衣子所打造的铁壶与茶水壶除了实用性外，更加增添了女性独有的柔美设计感，使之具有相当的艺术价值，也因此被铁器爱好者广泛收藏。

熊谷志衣子

◎ 1946年生；

◎ 1967年，武藏野美术大学工艺设计本科毕业，跟随信田洋从师雕刻；

◎ 1987年，在盛久工房负责铸金工艺；

◎ 1991年，制作的南部铁器丸型铁瓶在传统工艺品协会主办的全国第十五届传统工艺品展中被评为优秀作品；

◎ 现在为日本工艺会正式会员，日本工艺会金工部会员，日本工艺会东日本部会员，岩手工艺美术协会会员。

唐金盖 一文字铁壶

规格：直径 25cm，高 16.5cm，容量 32lml，重量 4300g
材质：生铁
身款：盛久
产地：日本
参考价格：104,720 元 / 只

唐金盖 霰丸铁壶

规格：长 23cm，宽 20.5cm，高 19cm，容量 25lml，重量 3370g
材质：生铁
身款：盛久
产地：日本
参考价格：62,840 元 / 只

筋目丸形铁壶

规格：长 16cm，宽 13.5cm，高 20.5cm，容量 1l0ml，重量 1168g
材质：生铁
身款：盛久
产地：日本
参考价格：22,500 元 / 只

茶具鉴赏购买指南

唐金盖 银摘 八角铫子铁壶

规格：长 14cm ，宽 9.8cm ，高 11.5cm ，容量 31ml，重量 780 g
材质：生铁
身款：盛久
产地：日本
参考价格：26,800 元 / 只

尾垂肩付四方形(大) 铁壶

规格：长 18.5cm，宽 12.5cm，高 22.5cm，
容量 12lml，重量 1645 g

材质：生铁

身款：盛久

产地：日本

参考价格：26,800 元 / 只

尾垂，即铁壶中下部的一圈裙边，形似女孩
子的短裙，故也称裙边。尾垂具有引导空气
流动、补充助燃氧气之用。这样的设计可防
止火在烧的时候沿着壶边往上走，同时外表
不会被火焰熏黑，也不会烫手。

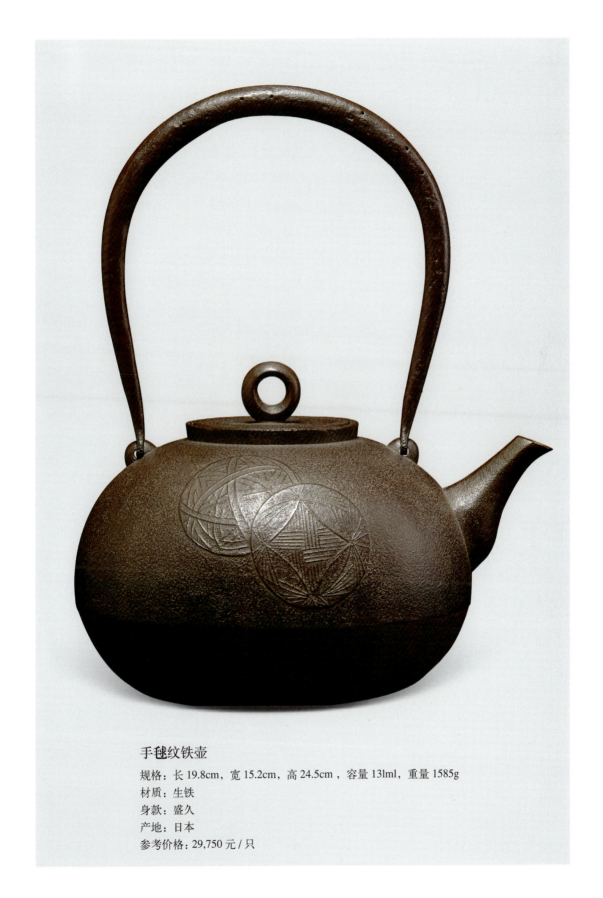

手毬纹铁壶

规格：长 19.8cm，宽 15.2cm，高 24.5cm，容量 13lml，重量 1585g

材质：生铁

身款：盛久

产地：日本

参考价格：29,750 元 / 只

小泉仁左卫门

日本南部铁器御釜师

小泉仁左卫门是日本南部铁器最著名的制铁大家。即使说南部铁壶的历史就是釜师仁左卫门的历史，也并不夸张。江户时期万治二年（1659 年），仁左卫门以釜师身份，受南部藩主重直公邀请，从京都来到盛冈城下定居，开始制作茶釜，当时茶道只是作为一种上流社会的社交活动。至江户中期，因经济的增长，民间也可接触茶道，但是冗长复杂的茶道仪式并不符合一般民众的需求，因而提出轻松自在的喝茶方式。小泉家第三代釜师小泉仁左卫门便试着将茶釜改良，缩小原先体积并增加出水口 (壶嘴) 和手提梁。简单来说，就是把原本用于煮水的铁锅，改良为有壶嘴和提梁的铁茶壶，这项变革可称得上是南部铁壶的基本原型，广受民间欢迎。此后南部铁壶的发展，基本上不脱离这个雏型。

小泉家代代相传釜师仁左卫门称号，至今已有十代。仁左卫门作品以"仁左工门釜"之名获得高度评价。明治以后历代仁左卫门为天皇、内宫家御用献品 33 次。尤其在明治 41 年秋，第八代小泉仁左卫门的铁瓶、茶釜制作过程受到皇太子御览之荣誉，并在全国新闻媒体报道，使南部铁瓶声名鹊起，家喻户晓。于明治 10 年举办的日本首届全国公募展第一届劝业博览会上获得花纹奖，之后在各种展会中获奖，合计 80 多次。在国外，曾获得 1930 年比利时世博会、1956 年以色列世博会的最高大奖。

银壶的历史久远，因保养和氧化程度的不同
所产生的沧桑美感，使收藏者欲罢不能

新富士型铁瓶

规格：长 27cm，宽 25cm，高 34cm，容量 410ml

材质：生铁

身款：仁左卫门釜

产地：日本

参考价格：78,500 元 / 只

大糸目文铁瓶

规格：长 18.5cm，宽 16cm，高 20cm，
容量 110ml，重量 1480g

材质：生铁

身款：仁左卫门釜

产地：日本

参考价格：57,380 元 / 只

面取玉缘东山形铁瓶

规格：长 23cm，宽 19.5cm，高 24cm，容量 18lml，
　　　重量 2460g
材质：生铁
身款：仁左卫门釜
产地：日本
参考价格：19,130 元 / 只

霰纹南部形铁瓶

规格：长 20.5cm，宽 18cm，高 25.5cm，容量 2l0ml，
　　　重量 2460g
材质：生铁
身款：仁左卫门釜
产地：日本
参考价格：57,380 元 / 只

柚子型铁壶

规格：长 20.5cm，宽 18cm，高 21.5cm，容量 15lml，
　　　重量 1750g
材质：生铁
身款：仁左卫门釜
产地：日本
参考价格：19,130 元 / 只

高铜锣型铁瓶

规格：长 19cm，宽 15cm，高 18.5cm，容量 150ml，
　　　重量 1590g
材质：生铁
身款：仁左卫门釜
产地：日本
参考价格：28,690 元 / 只

黑川雅之

日本现代工业设计师

个人名片：

◎ 1937 年生于日本名古屋市；

◎ 1967 年获早稻田大学建筑工学博士；

◎ 1967 年成立黑川雅之建筑设计事务所；

◎ 2001 年成立 DESIGNTOPE 公司；

◎日本建筑协会、日本工业设计师协会等多项专业组织会员。

　　黑川雅之是横跨日本现代建筑、室内设计、家具及产品设计等领域的宗师，被誉为开创日本建筑和工业设计新时代的代表性人物。他成功地将东西方审美理念融为一体，形成优雅的艺术风格。作品不仅多次荣获国内外大奖，同时也受纽约近代美术馆、丹佛美术馆等青睐而收为馆藏。

　　黑川主张设计是哲理的思辨以及文化内涵的支撑，而非单纯的技巧呈现。他认为一个秉持专业道德良知的设计师，应该超越技巧的层次，并且承担起对社会及环境所带来的影响及责任。从黑川的产品设计不难发现，他崇尚减法，提倡"以简驭繁""由小见大""少即是多""隐而不扬"等朴质纯粹的美感概念，把简约之美发挥到极致。

　　黑川不但充分发挥日本人注重完美品质与敬业的典型性格，更每每在作品中展现对至微细节的精准掌握、人气纯化的风格与简约静谧的设计语汇。在处理材质软硬冲突对比、线条刚柔并济及外型方圆共存上的匠心设计，更显示他经由塑造形式上的高超协调美感。例如他利用橡胶的软塑特性建构出不锈钢的冷硬线条，巧妙化解了视觉上的冰冷金属感与具弹性的触感两者相悖的矛盾；而使用日本传统铸铁技术制造的茶道具，与现代设计完美结合，作品线条弧度极具简约利落的时尚感。

唐金盖铁壶是传统手工艺和现代设计的完美结合,
将简约之美发挥到了极致

IRONY 2011全球限量版高级铁壶

规格：长 18cm，宽 14cm，高 6cm，
　　　重量 1530g，容量 700ml
材质：铸铁
产地：日本
参考价格：17,020 元 / 只

IRONY (唐金盖) 艺术设计铁壶

规格：长 12cm，宽 8cm，高 18.5cm，重量 1190g，
　　　容量 460ml
材质：铸铁
产地：日本
参考价格：9,120 元 / 只
该作品是日本的传统手工艺与现代设计的完美融合。可
用做茶壶或酒壶，内部附有过滤器，根据用途不同可以
随意安装或取下。

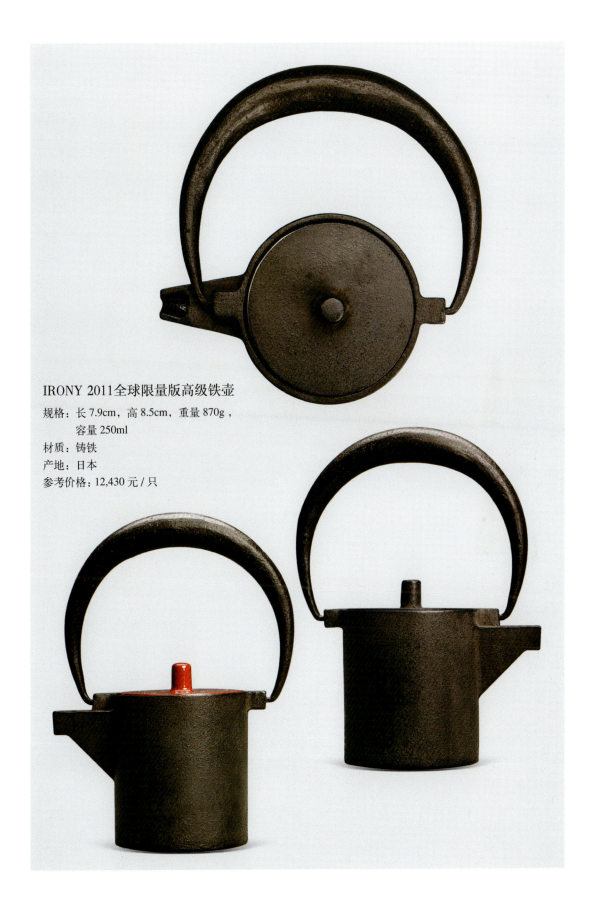

IRONY 2011全球限量版高级铁壶

规格：长 7.9cm，高 8.5cm，重量 870g，
　　　容量 250ml

材质：铸铁

产地：日本

参考价格：12,430 元 / 只

石川光一

日本金工大师

　　石川光一 昭和二十四年生于浅草，是金工工芸家石川清太郎的长子，十八岁时正式拜入金工工艺家武藤正先生门下。在研究学会金工制作后，又努力认真地向他的祖父、伯父、父等学习技法，根据自身的理解和思路，不断创作出了许多新作品。他是石川工房第三代传人，内阁总理大臣奖获奖作家，并于昭和 63 年 11 月获东京都知事奖。

纯金制汤沸壶

近代 Modern EO 伊斯特
2013-5-26 LOT113 12.6cm × 12cm × 9.5cm
预估价：140,000-220,000 元港币
成交价：306,800 元港币

纯金制竹纹样汤沸壶

近代 Modern EO 伊斯特
2013-5-26 LOT112 12.6cm × 14.4cm × 12.2cm
预估价：200,000-300,000 元港币
成交价：389,400 元港币

云龙纹纯金盆

近代 Modern TCA 东京中央
2013-9-7 LOT1581 D27cm
预估价：8,000,000-12,000,000 日元
成交价：13,800,000 日元

纯金槌目茶箕

近代 Modern TCA 东京中央
2013-9-7 LOT1590 L10cm
预估价：400,000-500,000 日元
成交价：920,000 日元

纯金天目茶盏

近代 Modern TCA 东京中央
2013-9-7 LOT1563 D15.5cm
预估价：1,800,000-2,400,000 日元
成交价：2,875,000 日元

东京大渊银器

日本顶级银器品牌

　　银器的历史久远，在古罗马时期就已经是贵族盛宴不可或缺之物，到文艺复兴时期，更为上流阶层所偏好。即使在现在，欧洲上流社会仍保持着使用银器的习惯，甚至不惜花费一生收集银食器。银具有柔软易加工、不易生锈的特点。虽然没有金的富丽，其暗涩光泽却另有一番韵味。在使用过程中，因保养和氧化程度的不同，所产生的沧桑美感，更为收藏者欲罢不能。

　　东京银器在平安时代（794-1192年）即已出现，到室町时代（1336-1573年）在各地发现银矿，并随着茶文化的兴起，更使银器的工艺得到发展。但这时银器只流行于上流阶层，直到江户时代（1603-1867年），经济文化的发展使得工艺加工繁荣起来，尤其是金银工艺，被广泛用于庶民的装饰用品中。明治维新以后，由于和外国往来频繁，东京成为银制品加工的主要产地直至今日。1867年日本银制品参加了巴黎世界博览会，浓郁日本风情的银制品获得世人好评。

　　大渊银器由大渊光泽于昭和三十年（1955年）在东京创立，其作品是日本人间国宝级的顶级银器，多次为天皇和日本皇室庆典进贡手工银器艺术品，获得盛誉。大渊银器作品皆选用高纯度白银手工打造而成，很多特制系列获得了大量客户的青睐，其作为同时代的先驱，在传统工艺的行业内最早导入现代企业规模和机制，客户已遍及世界各地。

东京大渊银器 光清 玉模样 纯银急须

规格：直径9.5cm，高9.5cm，容量300ml，
　　　重量279g

材质：纯银

参考价格：73,100元/只

东京大渊银器 光则 霰 纯银汤沸

规格：长18cm，宽15.5cm，高20cm，重量750g，
　　　容量120ml

材质：纯银

参考价格：89,000元/只

东京大渊银器 光清 杉 象牙柄纯银急须

规格：直径 10.1cm，高 8cm，容量 300ml，重量 379g
材质：纯银
产地：日本
参考价格：90,300 元 / 只

东京大渊银器 光则 纯银4寸垫打银壶

规格：长 14.5cm，宽 12cm，高 16cm，容量 500ml，
　　　重量 476g
材质：纯银
产地：日本
参考价格：45,000 元 / 只

大渊银器 龙纹 唐木手柄 纯银急须

大渊银器 龟鹤图 纯银汤沸

大渊银器 荷花图 纯银汤沸

大渊银器 山水图纹 纯银汤沸

森川荣月

日本传统茶道具金工家

个人名片：

◎ 1947 年生于日本富山县高冈市；

◎ 毕业于富山县立高冈工艺高校；

◎ 1994 年作品入选高冈传统产业综合展；

◎ 2000 年，作品入选第五届传统工艺展并被评为优秀产品；

◎ 2001 年，作品入选第六届传统工艺展；

◎ 2008-2010 年，作品连续入选日本传统工艺富山展；

◎ 日本传统茶道具金工家，传统工艺富山县支部会员。

牡丹银壶

规格：长 19cm，宽 15.8cm，高 23cm，
　　　容量 15lml，重量 2368g

材质：999.9 纯银

产地：日本

参考价格：160,740 元 / 只

银制菊割茶罐

规格：直径 9cm，高 11cm，重量 182g
材质：999.9 纯银
产地：日本
参考价格：21,000 元 / 只

纯银制鎚目打茶罐

规格：直径 7.4cm，高 8.2cm，重量 290g
材质：999.9 纯银
产地：日本
参考价格：27,360 元 / 只

九谷烧
日本彩绘瓷器代表

"烧"在日文中是陶瓷的意思。"九谷烧"即是日本的彩绘瓷器，因发祥地在九谷而得名，距今已有350年的历史。明朝末年，中国的彩绘瓷器传入日本，受到当地人民的喜爱，并得到迅速发展，因而日本彩绘具有浓郁的中国风格，现已形成了古九谷、吉田屋、饭田屋、庄三、永乐等多个流派。

九谷烧陶艺家德田八十吉先生，属于三代九谷烧陶瓷艺术世家，1933年出生于石川县，毕生致力于陶瓷创作事业。曾获得日本NHK会员优秀奖、日本工艺会总裁奖最高奖、日本外务大臣表彰、紫绶褒章。作品被收藏于日本文化厅、日本国立博物馆、日本国立近代美术馆、英国的大英博物馆等，他还多次到欧、美、埃及及中国进行作品展览。1997年被认定为日本重要非物质文化遗产彩釉瓷器保持者，即获得"人间国宝"的称号。

如今，九谷瓷艺术秉承各个时代的彩绘传统技艺，已成为世界名瓷的一种，作品风格高雅、技艺独特，非常善于采用金、银等华贵的装饰材料进行装饰绘制，釉色鲜美浓重，大胆华丽，图案或细腻精密，或夸张豪放，展现了日本彩绘瓷器的最高境界。

古九谷瓷器：图案一般使用蓝、黄、紫色，内容以花草山水为主。

饭田屋艺术流派：深受中国古代竹林七贤文化影响，生动地描绘中国风俗图案。在以红色细线描绘出的画面上再随处作金彩彩绘。

永乐流派：以红色涂满整个器皿，然后以金色描绘图案表现豪华的风格，花、鸟、鱼、虫纹样均一笔构成。

吉田屋流派：继承古九谷瓷器装饰风格，不使用红色，多使用黄、绿、紫、深蓝等色，因此作品风格异常凝重。

永芳作 蜻蜓汤吞组情侣对杯

大杯：直径 8cm，高 7.2cm，
重量 140g，容量 190ml
小杯：直径 7cm，高 7.5cm，
重量 125g，容量 180ml
材质：陶瓷
产地：日本
参考价格：520 元 / 对

纪由 花诘汤吞组情侣对杯

大杯：直径 7cm，高 8.7cm，重量 135g，容量 210ml
小杯：直径 6.7cm，高 8.3cm，重量 130g，容量 180ml
材质：陶瓷
产地：日本
参考价格：710 元 / 对

金山 铁仙文汤吞组情侣对杯

大杯：直径 6.7cm，高 9.3cm，重量 165g，容量 250ml
小杯：直径 6.3cm，高 8.8cm，重量 140g，容量 220ml
材质：陶瓷
产地：日本
参考价格：810 元 / 对

阿古 染付唐草急须

规格：长 17cm，高 9.2cm，重量 350g，容量 340ml
材质：陶瓷
产地：日本
参考价格：680 元 / 只

紫椿急须

规格：长 15.5cm，高 10cm，重量 343g，容量 400ml
材质：陶瓷
产地：日本
参考价格：610 元 / 只

福田昇竜 椿 茶壶

规格：长 13.2cm，高 7cm，重量 340g，容量 400ml
材质：陶瓷
参考价格：420 元 / 只

红白梅茶壶

规格：长 13.2cm，高 7cm，重量 340g，容量 400ml
材质：陶瓷
参考价格：420 元 / 只

石叠茶壶

规格：长 15.5cm，高 10cm，重 320g，容量 400ml
材质：陶瓷
参考价格：600 元 / 只

花诘茶壶

规格：长 13.2cm，高 7cm，重量 340g，容量 400ml
材质：陶瓷
参考价格：500 元 / 只

木米茶壶

规格：长 17cm，高 7cm，重量 340g，容量 400ml
材质：陶瓷
参考价格：500 元 / 只

金山作 青粒铁仙文茶壶

规格：长 15.6cm，高 9.5cm，重量 312g，容量 400ml
材质：陶瓷
参考价格：500 元 / 只

金山 铁仙纹急须

规格：长 14.8cm，高 9.7cm，重量 347g，容量 400ml

材质：陶瓷

产地：日本

参考价格：715 元 / 只

椿急须

规格：长 15.5cm，高 10cm，重量 343g，容量 400ml

材质：陶瓷

参考价格：610 元 / 只

龟甲 横手急须茶杯套组

急须：长 17.5cm，宽 14.5cm，高 10cm，重量 416g

茶杯：直径 9.5cm，高 7.5cm，重量 205g

材质：陶瓷

产地：日本

参考价格：2,110 元 / 套

黄彩花文茶壶、茶杯套组

参考价格：650 元 / 套

白粒菊诘茶杯套组（5只）

规格：直径 9.3cm，高 7.5cm
材质：陶瓷
产地：日本
参考价格：2,650 元 / 套

金襕七宝横手急须、盖付茶杯套组

急须：长 17.5cm 高 10.3cm，重量 435g
茶杯：直径 9.5cm，高 7.5cm，重量 200g/ 只
材质：陶瓷
产地：日本
参考价格：4,010 元 / 套

小毛毯茶壶、茶杯套组　　参考价格：800元/套

木米茶壶、茶杯套组　　参考价格：700元/套

吉田屋 芙蓉茶壶、茶杯套组　　参考价格：800元/套

散金茶壶、茶杯套组　　参考价格：900元/套

铁仙茶壶、茶杯套组　　参考价格：420元/套

连山茶壶、茶杯套组　　参考价格：700元/套

绿彩吉野山茶壶、茶杯套组　　参考价格：700元/套

猫头鹰茶壶、茶杯套组　　参考价格：700元/套

银彩茶壶、茶杯套组　　参考价格：840元/套

小玫瑰茶壶、茶杯套组　　参考价格：840元/套

赤卷山茶花茶壶、茶杯套组　　参考价格：1,200元/套

白七宝 横手急须、盖付茶杯套组　　参考价格：880元/套

金七宝 横手急须、盖付茶杯套组　　参考价格：1,100元/套

梅诘 横手急须、盖付茶杯套组　　参考价格：1,100元/套

菊诘 横手急须、盖付茶杯套组　　参考价格：1,100元/套

青粒铁仙文 横手急须、盖付茶杯套组　　参考价格：1,700元/套

梅文 横手急须、盖付茶杯套组　　参考价格：1,500元/套

铁仙文 横手急须、盖付茶杯套组　　参考价格：880元/套

青粒铁仙文 横手急须、盖付茶杯套组　　参考价格：1,700元/套

墨山水 横手急须、盖付茶杯套组　　参考价格：2,000元/套

常滑烧

日本陶器具代表

常滑烧产于爱知县常滑市，从平安时代末期开始已有一千多年历史，是日本六大古窑之一。常滑市自古就以烧制陶罐、陶管等日用杂货而闻名，桃山时代开始生产茶道具，到江户时代，人们巧妙地利用当地陶土含铁量多的特点烧制出了朱泥烧、白泥烧、火色烧等陶制品，奠定了现代陶制品的基础。其中利用红褐色黏土烧制出的红色朱泥所制成的陶器，作为常滑烧的代表作而闻名天下。1976年，常滑烧陶器被指定为国家传统工艺品。

常滑烧的制作方法是先将陶土用转盘、模子或用手制出形后，用常滑烧所特有的磨削法进行磨削，再经加饰、上釉等工序后烧制而成。常滑的朱泥是含有丰富铁份的陶土，颗粒微细，烧前只磨胎体，不上釉，烧后用鸟的羽毛进行反复刨磨，使得作品表面呈现圆润的光泽。常滑烧的茶壶因为使用含有丰富酸化铁的泥土，所以能中和茶中的丹宁成分，吸收不必要的清苦粗涩，泡出的茶汤保持了原有的色、香、味，入口鲜爽醇美，甜润可口。

修三 吉祥富贵牡丹图急须

规格：容量 290ml
产地：日本
参考价格：3,740 元 / 只

宝生 吉祥图案朱泥急须

规格：容量 280ml
产地：日本
参考价格：1,550 元 / 只

风月 朱泥平丸型急须

规格：容量 200ml
产地：日本
参考价格：820 元 / 只

樱山 黑泥印花急须

规格：容量 240ml
产地：日本
参考价格：1,460 元 / 只

玲光 竖纹黑泥急须

规格：容量 290ml
产地：日本
参考价格：1,280 元 / 只

北条 手印急须

规格：容量 280ml
产地：日本
参考价格：1,190 元 / 只

北条　华彩平行急须

规格：容量 320ml

产地：日本

参考价格：1,190 元 / 只

益规　黑红窑变急须

规格：容量 290ml

产地：日本

参考价格：910 元 / 只

益规　黑红窑变平丸型急须

规格：容量 160ml

产地：日本

参考价格：910 元 / 只

昭龙　窑变笔绘兰花急须

规格：容量 250ml

产地：日本

参考价格：910 元 / 只

白山　绿泥急须

规格：容量 200ml

产地：日本

参考价格：820 元 / 只

陶寿　古树模样窑变急须

规格：容量 110ml

产地：日本

参考价格：1,280 元 / 只

圭洋 古味窑变急须

规格：容量 280ml

参考价格：1,280 元 / 只

秋景 绢朱泥急须

规格：容量 240ml

材料：绢朱泥

参考价格：1,000 元 / 只

雪堂 绢朱泥急须

规格：容量 300ml

材料：绢朱泥

参考价格：1,370 元 / 只

弘二 绢朱泥急须

规格：容量 240ml

材料：绢朱泥

参考价格：1,000 元 / 只

政行 绢朱泥外黑细急须

规格：容量 200ml

材料：绢朱泥

参考价格：460 元 / 只

政行 外黑绢朱泥丸型急须

规格：容量 240ml

材料：绢朱泥

参考价格：460 元 / 只

赤木明登

日本现代漆器艺术家

个人名片：

◎ 1962 年，出生于日本冈山县；

◎毕业于日本中央大学文学部哲学科；

◎专研漆器。

◎网站：http://www.nurimono.net/

赤木明登原本是杂志编辑，因被漆器吸引，1988 年前往轮岛市修艺，师承漆器底漆工匠冈本进，在掌握传统技艺的基础上，独创将"和纸"贴于漆器上再上漆的技法，使漆器变得更耐用及更生活化，在传统工艺领域掀起一阵旋风，并被德国国立美术馆列为"日本现代漆器 12 人"之一。

漆器在以往只有喜宴或是重要接待场合才能够被拿出来使用，并且漆器纤细敏感，十分容易留下刮痕。但赤木跳脱一般传统工艺原则，以自然简单为取向，用朴实的朱色、黑色来代替以往漆器所夸耀的金箔等华丽的元素，将和纸贴于漆器上，使漆器能够维持原本的轻盈，但表面却能够更抵抗指纹、指甲刮痕等让漆器受伤的外力。柔和的色彩和触感，是传统漆器所无法传达出的意念。

赤木主张每天都能够使用漆器，而不是只有在高级场合才能享用。他创作的漆器作品不只局限于和式食器，也有西式料理餐具，拓展了漆器发展的空间。他创作的漆器茶道具温厚朴实，充满简约的美感，增添了茶人泡茶的乐趣。

大杯托
规格：直径 12.8cm，高 2.7cm
参考价格：8,400 元 / 套

小杯托
规格：直径 9.4cm，高 2.7cm
参考价格：6,300 元 / 套

小杯托
规格：直径 10.6cm，高 2.2cm
参考价格：3,150 元 / 套

茶碗

规格：口径 12cm，高 7cm

参考价格：12,600 元 / 只

茶碗

规格：口径 12cm，高 7cm

参考价格：12,600 元 / 只

大茶碗

规格：口径 13cm，高 8.5cm

参考价格：12,600 元 / 只

小茶碗

规格：口径 11.5cm，高 8cm

参考价格：10,500 元 / 只

盘子

规格：口径 22cm，高 3cm

参考价格：21,000 元 / 只

小钵

规格：口径 14cm，高 4cm

参考价格：8,400 元 / 只

附录：近3年最具代表性茶具拍卖成交品信息

紫砂·茶壶

陈曼生制梨形紫砂壶（一对）

清 Qing XLA 西泠印社
2014-12-13 Lot2705 H 9.3cm；L 14cm
预估价：1,200,000-2,000,000 元
成交价：1,495,000 元

顾景舟掇球壶

当代 Contemporary KS 北京匡时
2014-12-04 Lot4210 L 17.4cm；H 11cm
预估价：3,500,000-4,500,000 元
成交价：4,025,000 元

顾景舟 汉铎

年代不详 Unknown BH 北京翰海
2014-05-09 Lot1399 H 10cm；W 16cm
预估价：2,800,000-3,500,000 元
成交价：4,370,000 元

顾景舟 汉铎壶

年代不详 Unknown KS 北京匡时
2014-06-04 Lot3770 L 15.5cm；H 10cm；C 470mL
预估价：4,000,000-5,500,000 元
成交价：6,210,000 元

顾景舟 宝菱

年代不详 Unknown BH 北京翰海
2014-10-25 Lot1918 H 8.3cm；W 17.5cm
预估价：3,800,000-5,000,000 元
成交价：6,325,000 元

顾景舟制紫泥笑樱壶

当代 Contemporary XLA 西泠印社
2014-12-15 Lot4705 10.8×19.5cm
预估价：1,800,000-3,000,000 元
成交价：2,070,000 元

顾景舟 牛盖洋桶壶

年代不详 Unknown BH 北京翰海
2014-05-09 Lot1398 H 14cm；W 12cm
预估价：500,000-800,000 元
成交价：1,265,000 元

顾景舟制虚扁壶

当代 Contemporary GD 中国嘉德
2014-11-21 Lot3811 W 14.5cm
预估价：2,600,000-3,000,000 元
成交价：4,025,000 元

顾景舟 秦权壶

年代不详 Unknown KS 北京匡时
2014-06-04 Lot3769 L 16.8cm；H 12cm；
C620mL
预估价：3,800,000-5,200,000 元
成交价：4,600,000 元

何道洪 圣珠提梁

年代不详 Unknown BH 北京翰海
2014-05-09 Lot1396 H 25.8cm；W 15.5cm
预估价：1,200,000-1,600,000 元
成交价：2,070,000 元

何道洪岁寒三友壶

当代 Contemporary KS 北京匡时
2014-12-04 Lot4208 尺寸不详
预估价：3,500,000-4,500,000 元
成交价：5,347,500 元

何道洪石瓢提梁壶

当代 Contemporary KS 北京匡时
2014-12-04 Lot4209 L 25.3cm；H 23.4cm
预估价：3,200,000-3,800,000 元
成交价：4,600,000 元

何道洪制 乐圆壶

年代不详 Unknown SE 福建东南
2014-10-25 Lot324 H 9cm
预估价：1,000,000-1,200,000 元
成交价：1,150,000 元

何道洪 梅桩壶

年代不详 Unknown BH 北京翰海

2014-10-25 Lot1915 H 8cm；W 16cm

预估价：800,000-1,000,000 元

成交价：1,265,000 元

何道洪制 圣珠提梁壶

年代不详 Unknown SE 福建东南

2014-10-25 Lot325 H 15.3cm

预估价：1,200,000-1,300,000 元

成交价：1,495,000 元

汪寅仙 松竹梅三友

年代不详 Unknown BH 北京翰海

2014-10-25 Lot1913 H 11.8cm；W 13.8cm

预估价：1,200,000-1,500,000 元

成交价：1,725,000 元

宝庆款吴昌硕刻 觚棱壶

民国，1916 年 Republic Period,1916 BP 北京保利

2014-06-04 Lot5001 L 18.5cm

预估价：1,600,000-2,000,000 元

成交价：1,840,000 元

朱可心制劲松报春壶

当代 Contemporary GD 中国嘉德

2014-11-21 Lot3802 W 21cm；H 14cm

预估价：350,000-400,000 元

成交价：1,265,000 元

陈伯芳 风卷葵壶

清早期 Early Qing KS 北京匡时

2014-06-04 Lot3624 L 18.5cm；

H 8.5cm；C 500mL

预估价：1,800,000-2,200,000 元

成交价：2,070,000 元

飞鸿延年井栏壶

年代不详 Unknown BH 北京翰海

2014-10-25 Lot2648 H 6.5cm；W 11cm

预估价：1,500,000-2,500,000 元

成交价：2,070,000 元

"富贵基实"料彩描金大莲子壶

乾隆 Qianlong BP 北京保利

2013-6-5 LOT8155 L33.3cm

预估价：800,000-1,200,000 元

成交价：1,265,000 元

御制描金紫砂山水诗文茶具

乾隆 Qianlong BP 北京保利

2013-12-4 LOT5500 L15cm

预估价：2,800,000-3,200,000 元

成交价：1,725,000 元

（杨彭年）江听香铭井栏壶

GD 中国嘉德

2013-5-14 LOT3935 8.2×21cm

预估价：3,000,000-3,500,000 元

成交价：3,910,000 元

（杨彭年）汉君壶

BP 北京保利

2013-6-4 LOT7303 L14.5cm

预估价：2,500,000-3,000,000 元

成交价：2,875,000 元

（杨彭年）延年壶

清 Qing BP 北京保利

2013-12-4 LOT5499 L13.5cm

预估价：1,800,000-2,200,000 元

成交价：2,875,000 元

紫砂·套组

（汪寅仙）五代同堂提梁壶

现代 Modern GD 中国嘉德

2013-5-14 LOT5104 H28cm

预估价：3,200,000-4,200,000 元

成交价：3,680,000 元

（何道洪）十六竹壶

现代 Modern KS 匡时

2013-12-3 LOT2658 L21cm,H12cm

预估价：2,400,000-2,800,000 元

成交价：3,565,000 元

养康益 寿茶具（六件）

年代不详 Unknown BP 北京保利

2014-12-03 Lot4266 尺寸不一

预估价：600,000-800,000 元

成交价：2,300,000 元

顾景舟制九头咏梅茶具

近代 Modern GD 中国嘉德

2014-05-18 Lot3912 D 11.3cm；W 14.3cm；W 24cm

预估价：5,000,000-6,000,000 元

成交价：28,750,000 元

江建翔君雅组壶（三头）

当代 Contemporary KS 北京匡时

2014-12-04 Lot4177 尺寸不一

预估价：2,000,000-3,000,000 元

成交价：4,025,000 元

汪寅仙 高寿梅桩茶具

年代不详 Unknown BH 北京翰海

2014-10-25 Lot1914 H 12.8cm；W 18.8cm

预估价：1,400,000-1,600,000 元

成交价：1,725,000 元

顾景舟 水注

年代不详 Unknown BH 北京翰海

2014-10-25 Lot1919 H 3.8cm；W 13.8cm

预估价：400,000-500,000 元

成交价：1,380,000 元

金器茶具·茶壶

霰纹金壶

年代不详 Unknown SE 福建东南

2014-05-25 Lot743 H 15cm

预估价：430,000-450,000 元

成交价：494,500 元

十六瓣菊纹皇家制霰形壶

年代不详 Uknoun PLHK 保利香港

2014-04-07 Lot3604 H 17.6cm

预估价：850,000-1,000,000 港币

成交价：977,500 港币

雾散菊花钮金壶

明治 Meiji HY 华艺国际

2014-09-28 Lot1929 H 17.5cm

预估价：580,000-680,000 元

成交价：575,000 元

金器茶具·其他

（中川净益）珠摘纯金壶

近代 Modern TCA 东京中央

2013-9-7 LOT1599 H13cm

预估价：1,200,000-1,800,000 日元

成交价：5,520,000 日元

（石黑光南）雾霰纹纯金壶

TCA 东京中央

2013-3-6 LOT1327 H18cm

预估价：3,000,000-4,000,000 日元

成交价：9,775,000 日元

（光一）纯金天目茶盏

近代 Modern TCA 东京中央

2013-9-7 LOT1563 D15.5cm

预估价：1,800,000-2,400,000 日元

成交价：2,875,000 日元

柳富甚次郎造点金葡萄纹铁包银壶

江户期 Edo KS 北京匡时

2014-06-05 Lot4714 L 15cm；H 20cm；
W 492g

预估价：380,000-500,000 元

成交价：437,000 元

山田宗光作海波纹铜包银壶

明治 Meiji KS 北京匡时

2014-06-05 Lot4719 L 15.5cm；
H 21cm；W 735.4g

预估价：600,000-700,000 元

成交价：782,000 元

八代龙文堂安之介南镣丸型银壶

年代不详 Unknown HS 上海泓盛

2014-07-21 Lot9812 L 18.0cm；H 22.8cm

预估价：500,000-700,000 元

成交价：575,000 元

五郎三郎造纯银银壶

年代不详 Unknown KS 北京匡时

2014-12-04 Lot4357 L 16.5cm；H 19cm；
W 742.3g

预估价：无底价

成交价：161,000 元

顾景舟 牛盖洋桶壶

年代不详 Unknown BH 北京翰海

2014-05-09 Lot1398 H 14cm；W 12cm

预估价：500,000-800,000 元

成交价：1,265,000 元

顾景舟 牛盖洋桶壶

年代不详 Unknown BH 北京翰海

2014-05-09 Lot1398 H 14cm；W 12cm

预估价：500,000-800,000 元

成交价：1,265,000 元

（金工长州）嵌金铁包银壶

TCA 东京中央

2013-3-6 LOT1388 H15cm

预估价：1,500,000-2,500,000 日元

成交价：6,900,000 日元

（平安藏六）玉环摘银壶

近代 Modern TCA 东京中央

2013-9-7 LOT1603 H17.5cm

预估价：800,000-1,200,000 日元

成交价：4,025,000 日元

山田宗光选海波纹铜包银壶

年代不详 Uknoun SE 福建东南

2014-05-25 Lot4741 H 21cm

预估价：260,000-280,000 元

成交价：368,000 元

铜包银金摘茶壶

TCA 东京中央
2013-9-7 LOT1588 H17.5cm
预估价：800,000-1,200,000 日元
成交价：4,370,000 日元

明治金工金银象嵌游龙纯银壶

TCA 东京中央
2013-9-7 LOT1519 H8cm
预估价：600,000-800,000 日元
成交价：1,840,000 日元

（中川净益）纯金摘草花雕银壶

近代 Modern TCA 东京中央
2013-9-7 LOT1587 H21cm
预估价：800,000-1,200,000 日元
成交价：2,530,000 日元

银器茶具·套组

梅兰竹菊松纹纯银茶道组（九件套）

年代不详 Unknown SE 福建东南
2014-05-25 Lot742 尺寸不一
预估价：95,000-100,000 元
成交价：109,250 元

服部作纯银茶器（一组七种）

年代不详 Unknown KS 北京匡时
2014-12-04 Lot4360 尺寸不一
预估价：100,000-120,000 元
成交价：184,000 元

银器茶具·其他   ## 铁器茶具·茶壶

藏六造纯银菊瓣茶洗（一对）

年代不详 Vnkmonn HS 上海泓盛
2014-07-21 Lot9816 H 9.5cm；D 18.0cm
预估价：100,000-120,000 元
成交价：115,000 元

铁包银制提梁壶

19 世纪 19th Century BP 北京保利
2014-12-03 Lot5159 H 21cm
预估价：200,000-300,000 元
成交价：230,000 元

龙文堂安之介造 嵌金银大黑天法器铁壶

明治 Meiji KS 北京匡时
2014-06-05 Lot4698 尺寸不详
预估价：65,000-68,000 元
成交价：103,500 元

龙文堂六代安之介造嵌金银柿柿如意铁壶

明治 Meiji KS 北京匡时

2014-06-05 Lot4700 L 17.5cm；H 20.5cm

预估价：300,000-400,000 元

成交价：322,000 元

金光堂造嵌金山水图铁壶

年代不详 Unknown KS 北京匡时

2014-06-05 Lot4708 L 14cm；H 23cm

预估价：120,000-150,000 元

成交价：126,500 元

龟文堂堂主波多野正平造 兰诗花卉铁壶

年代不详 Unknown SE 福建东南

2014-05-25 Lot727 H 22cm

预估价：300,000-350,000 元

成交价：575,000 元

龟文堂铃木光重形制山水纹铁壶

明治 Meiji KS 北京匡时

2014-12-04 Lot4338 L 17.5cm

预估价：250,000-280,000 元

成交价：287,500 元

明越昌晴包银铁壶（贤雄造）

明治 Meiji HY 华艺国际

2014-09-28 Lot1923 H 22cm

预估价：130,000-150,000 元

成交价：115,000 元

（四世藏六）汉凤盉铁瓶

TCA 东京中央

2013-9-7 LOT1539 H17cm

预估价：300,000-400,000 日元

成交价：3,450,000 日元

（龙文堂）错金银剑镡铁壶

TCA 东京中央

2013-9-7 LOT1538 H22cm

预估价：800,000-1,200,000 日元

成交价：2,875,000 日元

铜器茶具·茶壶

日本铜茶壶（一对）

近代 Modern BP 北京保利

2014-01-11 Lot1593 H 16cm

预估价：10,000-20,000 元

成交价：11,500 元

铜器茶具·套组

高振宇 青铜的遐想系列壶 历史的回顾壶（一组共十二件）

年代不详 Unknown KS 北京匡时

2014-06-04 Lot3771 尺寸不一

预估价：6,800,000-10,000,000 元

成交价：8,970,000 元

锡器茶具·茶壶

（杨彭年）锡镶玉紫砂壶

清 Qing TCA 东京中央

2013-9-7 LOT1546 H7.5cm

预估价：80,000-120,000 日元

成交价：977,500 日元

（杨彭年）锡镶玉紫砂壶

清 Qing TCA 东京中央

2013-9-7 LOT1546 H9.5cm

预估价：150,000-250,000 日元

成交价：1,035,000 日元

锡器茶具·其他

锡制刻山水纹茶叶罐

清 Qing XLA 西泠印社

2013-7-12 LOT1480 3.5×9cm

预估价：40,000-60,000 日元

成交价：46,000 日元

瓷器茶具·茶杯

龙泉窑葵口杯

元 Yuan GD 中国嘉德

2014-3-23 Lot4426 D9cm

预估价：8,000-12,000 元

成交价：97,750 元

青花二月玉兰花神杯

康熙 Kangxi BP 北京保利

2014-6-4 Lot6202 D6cm

预估价：380,000-580,000 元

成交价：805,000 元

青花七月兰花花神杯

康熙 Kangxi BP 北京保利

2014-6-4 Lot6201 D6cm

预估价：380,000-580,000 元

成交价：747,500 元

御制门彩岁寒三友壶

雍正 Yongzheng N 纳高

2013-5-10 LOT51 H13.3cm

预估价：800,000-1,200,000 欧元

成交价：3,724,000 欧元

青花花卉铃铛杯

康熙 Kangxi BP 北京保利

2014-6-4 Lot6294 D9.9cm

预估价：800,000-1,200,000 元

成交价：1,265,000 元

青花五月石榴花御题诗文花神杯

康熙 Kangxi RB 北京荣宝

2014-3-23 Lot1096 H5cm

预估价：1,500,000-2,000,000 元

成交价：1,904,000 元

青花五月石榴花神杯

康熙 Kangxi BP 北京保利

2014-6-4 Lot6203 D6cm

预估价：380,000-580,000 元

成交价：805,000 元

淡描青花花卉纹杯（一对）

雍正 Yongzheng GD 中国嘉德

2014-5-18 Lot3509 D7cm

预估价：400,000-600,000 元

成交价：690,000 元

青花缠枝花卉纹杯（一对）

雍正 Yongzheng BC 北京诚轩

2014-5-19 Lot632 D7.4cm × 2

预估价：200,000-280,000 元

成交价：575,000 元

青花八卦纹铃铛杯 （两件）

康熙 Kangxi BH 北京瀚海

2014-10-26 Lot5010 D8cm

预估价：1,700,000-2,000,000 元

成交价：2,070,000 元

青花粉彩茶壶（一组）

清 Qing Z 北京中汉

2014-9-22 Lot191 H10.4cm；H12cm

预估价：2,000-3,000 元

成交价：57,500 元

斗彩花蝶纹杯

成化 Chenghua MCS 澳门中信

2014-6-8 Lot193 H5.1cm；H4.9cm；D7.1cm；D7.2cm

预估价：280,000,000 港币

成交价：437,000,000 港币

斗彩鸡缸杯

成化 Chenghua S 苏富比

2014-4-8 Lot1 8.2cm

预估价：无底价

成交价：281,240,000 港币

斗彩鸡缸杯（一对）

雍正 Yongzheng S 苏富比

2014-4-8 Lot3109 8cm

预估价：12,000,000-15,000,000 港币

成交价：33,160,000 港币

斗彩缠枝莲纹高足杯

明 Ming MCS 澳门中信

2014-11-30 Lot300 H8cm；D6.1cm

预估价：18,000,000 港币

成交价：23,000,000 港币

斗彩葡萄杯

成化 Chenghua MCS 澳门中信

2014-6-8 Lot189 H5.2cm；D8.2cm

预估价：180,000,000 港币

成交价：218,500,000 港币

五彩花神杯

康熙 Kangxi GD 中国嘉德

2014-10-7 Lot1057 H7cm

预估价：500,000-800,000 港币

成交价：2,070,000 港币

五彩石榴花花神杯

康熙 Kangxi BP 北京保利

2014-12-3 Lot5683 D6.5cm

预估价：1,000,000-1,500,000 元

成交价：1,610,000 元

五彩月季花花神杯

康熙 Kangxi BP 北京保利

2014-12-3 Lot5682 D6.5cm

预估价：650,000-850,000 元

成交价：897,000 元

五彩人物故事图套杯

雍正 Yongzheng HY 华艺国际
2014-5-31 Lot1676 尺寸不详
预估价：300,000-500,000 元
成交价：805,000 元

五彩花神杯

康熙 Kangxi GD 中国嘉德
2014-10-7 Lot1057 H7cm
预估价：500,000-800,000 港币
成交价：2,070,000 港币

斗彩加粉彩云蝠图小杯

雍正 Yongzheng S 苏富比
2014-10-8 Lot3102 6.8cm
预估价：800,000-1,200,000 港币
成交价：3,160,000 港币

青花五彩月季花神杯

康熙 Kangxi KS 匡时
2013-6-5 LOT2653 D6.6cm
预估价：1,800,000-2,000,000 元
成交价：2,070,000

雕瓷人物杯（三件）

光绪 Guangxu BP 北京保利
2014-4-26 Lot38 D8.5cm
预估价：无底价
成交价：25,300 元

"清莲" 金地青花莲纹杯 （四件）

2014 年 2014 C 佳士得
2014-10-24 Lot4 7.3×5.2cm；12×2.6cm
预估价：80,000-100,000 元
成交价：275,000 元

御制门彩岁寒三友壶

雍正 Yongzheng N 纳高
2013-5-10 LOT51 H13.3cm
预估价：800,000-1,200,000 欧元
成交价：3,724,000 欧元

绿地粉彩"福寿连绵"图瓜棱式盖壶

乾隆 Qianlong S 苏富比
2013-10-8 LOT3034 H17.3cm
预估价：6,000,000-8,000,000 港币
成交价：13,240,000 港币

红釉杯

雍正 Yongzheng BP 北京保利
2014-6-6 Lot8224 D7.4cm
预估价：350,000-550,000 元
成交价：483,000 元

年窑红釉杯（六只）

雍正 Yongzheng GD 中国嘉德
2014-3-23 Lot4262 D5.9cm
预估价：15,000-25,000 元
成交价：48,300 元

胭脂红釉小杯（一对）

乾隆 Qianlong GD 中国嘉德
2014-5-18 Lot3473 D7cm
预估价：30,000-50,000 元
成交价：310,500 元

红釉暗刻龙纹高足杯

雍正或更早 Yongzheng or Early HY 华艺国际
2014-9-28 Lot1634 D15cm
预估价：30,000-50,000 元
成交价：86,250 元

霁蓝釉小杯（一对）

道光 Daoguang BC 北京诚轩
2014-5-19 Lot608 D9.1cm×2
预估价：120,000-160,000 元
成交价：138,000 元

白釉暗刻龙纹葵式杯（一对）

雍正 Yongzheng S 苏富比
2014-4-8 Lot3085 7cm
预估价：350,000-450,000 港币
成交价：1,840,000 港币

御窑柠檬黄釉墩子杯(一对）

雍正 Yongzheng BD 北京东正
2014-11-20 Lot259 D10cm
预估价：1,000,000-1,200,000 元
成交价：2,242,500 元

柠檬黄釉小杯(一对）

雍正 Yongzheng GD 中国嘉德
2014-11-20 Lot3019 D6.4cm
预估价：1,500,000-1,800,000 元
成交价：1,955,000 元

青白釉观音公道杯

元 Yuan BO 邦瀚斯
2014-10-9 Lot215 D11.5cm
预估价：300,000-400,000 港币
成交价：937,500 港币

定窑刻莲花纹碗

北宋 N.Song S 苏富比
2013-3-21 LOT94 D13.4cm
预估价：200,000-300,000 美金
成交价：2,225,000 美金

紫泥茶具·茶壶

杨彭年 瞿子冶紫泥刻竹诗文石瓢壶

道光 Daoguang BP 北京保利
2014-12-03 Lot4275 L 14.5cm
预估价：1,200,000-1,500,000 元
成交价：1,725,000 元

若思款泥绘方壶

清早期 Early Qing CQH 春秋堂
2013-9-8 LOT2182 H8.3cm,W14.5cm
预估价：800,000-1,000,000 元
成交价：1,782,500 元

紫泥玲珑竹壶

清早期 Early Qing YF 远方国拍
2013-6-6 LOT16 H12.5cm
预估价：90,000-110,000 元
成交价：1,265,000 元

杨彭年制 陈曼生作铭紫泥扁石壶

嘉庆 Jiaqing XLA 西泠印社
2014-12-15 Lot4713 5.9 × 15.5cm
预估价：3,200,000-3,800,000 元
成交价：5,347,500 元

御制紫泥绘贴泥荷塘如意诗文壶

乾隆 Qianlong BO 邦瀚斯
2013-11-24 LOT108 W14.6cm
预估价：4,500,000-5,500,000 港币
成交价：6,640,000 港币

御制堆泥山水纹虚扁壶

乾隆 Qianlong BP 北京保利
2013-12-4 LOT5521 L16.4cm
预估价：1,200,000-1,500,000 元
成交价：1,725,000 元

御制紫泥漆花卉纹方壶

乾隆 Qianlong GD 中国嘉德
2013-5-14 LOT3998 W17cm
预估价：600,000-800,000 元
成交价：4,485,000 元

泥绘山水图如意图灯壶

乾隆 Qianlong GD 中国嘉德
2013-5-14 LOT3924 12.7 × 18.3cm
预估价：1,500,000-1,800,000 元
成交价：1,955,000 元

紫泥铺砂钟鼓形壶

嘉庆 / 道光 Jiaqing/Daoguang BO 邦瀚斯
2013-11-24 LOT113 W14.8cm
预估价：4,000,000-5,000,000 港币
成交价：4,840,000 港币

紫泥铺沙汉瓦壶

嘉庆 / 道光 Jiaqing/Daoguang BO 邦瀚斯

2013-11-24 LOT107 W14.1cm

预估价：450,000-550,000 港币

成交价：1,480,000 港币

行有恒堂平盖莲子壶

道光 Daoguang BO 邦瀚斯

2013-11-24 LOT116 W15cm

预估价：4,000,000-4,500,000 港币

成交价：4,840,000 港币

（陈鸣远）束竹壶

BH 瀚海

2013-12-7 LOT2545 H 8cm，W15cm

预估价：1,200,000-1,800,000 元

成交价：4,945,000 元

（杨彭年）石瓢壶

清 Qing BP 北京保利

2013-6-4 LOT7525 H7.3cm

预估价：5,000,000-8,000,000 元

成交价：7,590,000 元

（汪寅仙）灵芝提梁供春壶

BP 北京保利

2013-12-4 LOT5456 H20.5cm

预估价：1,200,000-1,500,000 元

成交价：1,380,000 元

（顾景舟）制陶款紫泥矮石瓢壶

现代 Modern BO 邦瀚斯

2013-11-24 LOT120 W18cm

预估价：3,500,000-4,500,000 港币

成交价：10,360,000 港币

生平爱茗御制堆泥壶

乾隆 Qianlong YF 远方国拍

2013-12-1 LOT634 H5.5cm,W16.5cm

预估价：1,200,000-1,500,000 元

成交价：2,472,500 元

其他

（蒋蓉）荷叶壶

现代 Modern MD 门德扬
2013-6-30 LOT255 L19.6cm,H8.5cm
预估价：1,500,000-2,200,000 台币
成交价：2,552,000 台币

（王东石）"边骨壶"

光绪 Guangxu BP 北京保利
2013-12-4 LOT6017 L16cm
预估价：2,000,000-3,000,000 元
成交价：4,600,000 元

绿地粉彩缠枝蕃莲纹海棠式茶盘一对

嘉庆 Jiaqing S 苏富比
2013-10-8 LOT3260 L15.2cm
预估价：500,000-700,000 元
成交价：625,000 元

锡制鎏金仕女茶盘

清 Qing BP 北京保利
2013-6-5 LOT8168 L28.9cm
预估价：15,000-25,000 元
成交价：32,200 元

湘妃竹镶红木扇形茶托盘

清 Qing BP 北京保利
2013-6-5 LOT8242 L67.5cm
预估价：50,000-80,000 元
成交价：126,500 元

顾景舟 牛盖洋桶壶

年代不详 Unknown BH 北京翰海
2014-05-09 Lot1398 H 14cm；W 12cm
预估价：500,000-800,000 元
成交价：1,265,000 元

牙雕花鸟茶盒

近代 Modern TCA 东京中央
2013-9-7 LOT1673 H6cm
预估价：80,000-120,000 日元
成交价：115,000 日元

后 记

茶具是茶文化中的一个重要组成部分，要想真正地品好茶，必须先选择好合适的茶具。在如今这个快节奏的社会中，人们已经很少静下心来沏一壶清茶，慢享生活的惬意。许多人日常饮茶最普遍使用的是一只茶杯，或者再添一把泡茶的壶就可以了，更有人直接往保温杯里放两撮茶叶用开水冲一下即饮。这样的饮茶方式，只是简单的以解渴为目的，而不是将品茶作为一种艺术。事实上，对于真正爱茶的人，泡茶饮茶是有很多讲究的——煮水有煮水的用具，煎茶、饮茶又另有用具。

但无论世界变化多快，"生活慢主张"的理念大家一直在倡导。并且，相应的，茶具也不会为了应付快节奏的生活而做得粗糙简单，相反，现代茶具材质更加多样、式样更加丰富、做工也越精美，颇具艺术欣赏性。不仅可供个人把玩，也日益成为人们送礼的佳品。更有一些审美价值很高的茶器，越来越成为当代艺术和文物界藏家的新宠。

本书中收录的中国大陆地区、中国台湾地区以及日本的品牌名家茶器，即是从消费者的角度出发，选品皆满足消费者或个人把玩或送礼佳品或投资收藏的需求。我们从2014年8月份即开始着手准备此书，从前期策划、品牌名家的选定、组稿，到今天的成形。近半年的准备时间，只为呈现一部精美全面的茶具盛典。在本书的创作过程中，最困难的应属各陶艺名家作品图片的收集。几经周折，通过与其官方微博、产品代理商沟通之后，才使得本书最终以丰富的面貌呈现。

在本书收集、整理资料的过程中，上海烟波致爽阁公司给予了大力支持，为我们提供了大量的产品图片与市场参考价格；还有世依堂 (www.rakuten.co.jp) 的 Jacky 先生，给我们讲解了很多铁壶知识，并提供了大量日本铁壶以及九谷烧、常滑烧的图片；感谢向小丽女士为本书的图片拍摄提供场景以及茶具；感谢友茗堂（ http://teaship.taobao.com/ ）为本书提供了许多自慢堂的产品图片以及章格铭先生的茶具作品图；此外颜玉窑和问鼎汝窑也给予本书以巨大的协助。没有大家的支持，就没有这本书的问世。

最后，感谢各位陶艺大师以及茶器创作者，正是你们始终如一的坚持，并做出如此精美的茶道具，使得品茶成为了一种温馨愉悦的审美过程。

潮流收藏编辑部
2015 年 6 月

图书在版编目（CIP）数据

茶具鉴赏购买指南 / 潮流收藏编辑部编著 .
—— 北京：北京联合出版公司，2015.7
ISBN 978-7-5502-5813-6

Ⅰ . ①茶… Ⅱ . ①潮… Ⅲ . ①茶具－鉴赏－中国－指
南②茶具－选购－指南 Ⅳ . ① K875.2-62
② TS972.23-62

中国版本图书馆 CIP 数据核字 (2015) 第 168649 号

茶具鉴赏购买指南

项目策划　紫图图书 ZITO®
丛书主编　黄利　监制　万夏

编　著　潮流收藏编辑部
责任编辑　李征
编　审　杨珺
执行编辑　宣佳丽　路思维
特约摄影　李景军
装帧设计　紫图图书 ZITO®
封面设计　紫图装帧

北京联合出版公司出版
（北京市西城区德外大街 83 号楼 9 层　100088）
北京瑞禾彩色印刷有限公司印刷　新华书店经销
120 千字　889 毫米 ×1194 毫米　1/16　16.75 印张
2015 年 7 月第 1 版　2015 年 7 月第 1 次印刷
ISBN 978-7-5502-5813-6
定价：128.00 元

四周秀丽，
十里平湖，
平生剩有烟波兴，
钓濑时时小艇横，
致爽自足和天倪。

誠齋

誠齋　北京市朝阳区酒仙桥路 4 号 798 艺术区 751 动力广场西侧楼 想想再设计中一层
电话：84590721